O ESSENCIAL DA PSICOLOGIA

CARL GUSTAV JUNG (1875 - 1961)

O ESSENCIAL DA PSICOLOGIA

Título original: *Carl Gustav Jung*

Texto revisto pelo Novo Acordo Ortográfico da Língua Portuguesa.

Direção geral
Ednaldo Varela (Ado) e Cláudio Varela

Editor responsável
Ednaldo Varela (Ado)

Revisão
Josias A. de Andrade
Marsely de Marco

Capa e projeto gráfico
Lumiar Design

Diagramação
Claudio Braghini Junior

www.editorahb.com.br
www.aeroplano.com.br

Dados Internacionais de Catalogação na Publicação (CIP)
Elaboração Aglaé de Lima Fierli CRB-9 nº 412

J92e
Jung, Carl Gustav (1875 – 1961).
O essencial da psicologia / Carl Gustav Jung - São Paulo: Hunter Books, 2016.
152p.: 16x23cm.
ISBN: 978-85-65042-71-0

1. Jung, Carl Gustav - Biografia. 2. Psicologia junguiana. I. Título.
CDD 150.1954

Índice para catálogo sistemático:
Carl Gustav Jung: Biografia 150.1909
Psicologia junguiana: 150.1954

O ESSENCIAL DA PSICOLOGIA

CARL GUSTAV JUNG (1875 - 1961)

CAPÍTULO 1
A VIDA DE CARL GUSTAV JUNG

Em 1875, em Kesswil, uma pequena vila da Suíça, nasceu Carl Gustav Jung. Filho de Johann Paul Achiles Jung e Emilie Preiswerk, o pequeno Carl sofreu precocemente por causa da saúde de sua mãe, considerada por muitos uma mulher excêntrica, com diversos distúrbios emocionais e que foi internada por inúmeras vezes. Segundo o biógrafo Ellenberger (1978), toda a parte materna da família de Carl Jung parecia apresentar alguns tipos de traços de insanidade.

Quando Jung tinha de três para quatro anos, sua mãe precisou ser internada mais uma vez, passando diversos meses no hospital. O longo período em que esteve hospitalizada afetou Emilie para o resta da vida, uma vez que, após a internação, desenvolveu eczema nervoso e sonhos horríveis passaram a acompanhá-la constantemente.

De acordo com o psicanalista britânico John Bowlby, que desenvolveu um trabalho pioneiro sobre a teoria do apego, o desespero de um filho diante da iminência da morte da mãe é resposta normal à frustração da necessidade absoluta da presença materna. Em Jung, especificamente, as lembranças da ausência da mãe o acompanhariam durante toda uma vida, carregando junto de si uma incômoda dúvida acerca de sua capacidade em obter carinho e afeto.

Jung, inclusive, chegou a afirmar ter herdado de sua mãe a capacidade de ver pessoas e coisas, fazendo com que isso, juntamente ao seu interesse pela filosofia e pelo ocultismo, lhe rendesse o título de místico, o que também serviria como arma de "ataque acadêmico" por parte da classe médica de sua época.

Seu pai era pastor na reformada igreja suíça e foi o responsável por apresentar ao filho as escrituras bíblicas. Com isso, Jung tornou sua religiosidade o foco para suas explorações, afirmando que, caso nas religiões faltassem o empirismo, ou seja, a experiência, ele alimentaria a sede da personalidade.

Ele dizia possuir duas personalidades distintas: um ego tornado público, conhecido, envolvido com o seio familiar; e outro, um eu interno, secreto e próximo a Deus. Entretanto, Jung via seu pai como poderoso, mas emocionalmente imaturo, pois, aparentemente, ele havia perdido sua fé havia muitos anos, mas para manter o sustento de sua família seguia mantendo seus deveres com a congregação.

Seu avô paterno era um respeitado médico que se tornou reitor da Universidade de Basileia e Grão-Mestre da Loja Maçônica da Suíça. Seu nome foi dado em homenagem ao seu avô Carl Gustav Jung (1794-1864).

Seu avô materno era Samuel Preiswerk (1799-1871), um teólogo que dedicou seus estudos ao hebraico como língua falada no Céu e um dos primeiros defensores do sionismo. Era um tanto quanto excêntrico, tinha visões do além e acreditava conversar com os mortos. Quando solteira, a mãe de Jung tinha que se sentar atrás de seu pai para que ele pudesse elaborar sermões sem que o demônio ficasse espiando sobre seus ombros — ou ao menos era o que ele acreditava que acontecia.

O sionismo, também conhecido como nacionalismo judaico, é um movimento político e filosófico de revitalização da nação judaica, defendendo a autodeterminação do povo judeu e, também, a existência de um Estado nacional, soberano e defensor do retorno da totalidade dos judeus para o Estado de Israel — pelo mundo, recorrentemente o movimento é classificado como segregador.

A verdade é que grande parte da influência para a criação da Psicologia Analítica de Jung veio da Medicina, da Teologia, da Filosofia e do Espiritualismo, defendidos por seus avôs paternos e maternos. Jung dizia que a psique humana tem natureza religiosa, sendo este um dos focos das explorações que o tornaram fonte de estudos nas ciências da religião até hoje.

Jung carregava consigo um vazio decorrente de crescer em uma família sem estrutura e, buscando escapar dos muros da solidão, utilizava a biblioteca da família para ler as obras de Goethe, Heráclito, Pitágoras e Platão, que serviram como fonte de inspiração para a elaboração de seu pensamento.

Em sua obra intitulada *Memórias, sonhos, reflexões*[1] ele descreve seu lar como algo irrespirável, onde se sentia oprimido pela sensação dominante da morte, muita melancolia e desconforto e, também, se sentia ameaçado pelas crises sombrias de seus pais. Aliás, seus pais dormiam separados e Jung dormia com seu pai.

Quando Jung chegou à idade escolar, aos poucos foi tornando-se uma criança infeliz, com uma postura esquizoide, ou seja, com profunda falta de interesse nas relações sociais. Foi gradativamente tornando-se cada vez mais retraído, arredio, um tanto

1 JUNG, C. Memórias, sonjos, reflexões. Rio de Janeiro: Nova Fronteira, 2015.

egocêntrico e alienado de seus colegas, do mundo social exterior e de seu eu interior.

Ele mesmo relatou que, certa vez, ao levar um soco de um de seus colegas ficou caído ao chão, mais tempo do que era necessário, e com um único pensamento em sua mente: "Ótimo. Não preciso mais ir à escola" – fato que definitivamente acabou acontecendo e, curiosamente, ainda desenvolveu uma propensão a desmaios.

Em suma, Carl Jung procurava ficar sozinho com seus pensamentos o máximo que podia. Costumava, sobretudo, afirmar: "Brinquei comigo mesmo, caminhei e sonhei sozinho, vivi em um mundo misterioso e afastado".

Para se entreter, desenvolveu brincadeiras solitárias, dentre elas, um jogo imaginário em que ele permanecia sentado em uma grande pedra no meio do jardim, onde dizia: "Estou sentado aqui, nesta pedra, eu em cima, ela embaixo" e, para ele, a pedra respondia: "Estou aqui, neste declive, e ele está sentado em cima de mim". Em seguida, ele indagava: "Sou aquele que está sentado na pedra, ou sou a pedra na qual ele está sentado?".

Creio que ele ainda não sabia, mas dessa forma apurava seu sentimento de estranha e fascinante obscuridade, a origem do *insight* ponderado sobre os mistérios da alquimia, por onde os alquimistas projetam o conteúdo da própria psique nos materiais com os quais estão trabalhando.

Voltando a falar sobre sua tendência esquizoide, Jung acabou desenvolvendo uma cidade imaginária, buscando se esconder do mundo.

O termo esquizoide, aliás, foi criado pelo psiquiatra suíço Eugen Bleuer — conhecido por suas contribuições para o entendimento da esquizofrenia — no início do século XX, para definir a inclinação das pessoas para dirigir sua atenção ao mundo interior, isolando-se do mundo exterior. Geralmente as pessoas que sofrem com essa perturbação de personalidade apresentam três características peculiares: a falta de interesse nas relações sociais, uma enorme tendência ao isolamento e certa frieza emocional.

Vale a cautela para não confundir com esquizofrenia que é, na verdade, a fragmentação da estrutura dos processos de pensamento, acrescida da dificuldade em estabelecer distinção entre experiências internas e experiências externas, como se pode acompanhar em casos de delírio e de alucinação.

Com a sensação de segurança dentro dos "muros" dessa cidade, Jung pôde experimentar a si mesmo, como composto por duas personalidades, a número um e a número dois.

No primeiro caso, ele era um filho comum que ia à escola, mas, no segundo caso, ele era muito mais velho e distante da sociedade humana, mais próximo da natureza e dos animais, de seus sonhos e de Deus. Posteriormente, como psiquiatra e com maior entendimento, ele percebeu que as duas personalidades estavam presentes em todos os seres humanos e passou a denominá-las: eu (ego) e si-mesmo (self).

No caso do ego, não deve ser relacionado ao sentido de ego apresentado pelas religiões, principalmente as orientais, que apresentam o ego simplesmente como uma noção ilusória, egoísta, limitada e intelectual que o indivíduo tem de si mesmo e do mundo que o cerca. Jung afirmou que o jogo mútuo entre o eu e o si-mesmo constituiria a dinâmica central do desenvolvimento da personalidade.

Por meio da obra *Tipos Psicológicos*[2], Jung definiu esses aspectos da personalidade humana:

> "Entendo o 'Eu' (Ego) como um complexo de representações que constitui para mim (indivíduo), o centro do meu campo de Consciência e que me parece ter grande continuidade e identidade comigo mesmo. Por isso, falo também do complexo do Eu ou complexo do Ego. O complexo do Eu é tanto conteúdo quanto condição da Consciência, pois um elemento psíquico me é consciente enquanto estiver relacionado com o complexo do Eu. Enquanto o 'Eu' for apenas o centro do meu campo consciente, não é idêntico ao todo de minha psique, mas apenas um complexo entre outros complexos. Por isso distingo entre Eu (Ego) e Si-mesmo (Self). O Eu é o sujeito apenas da minha Consciência, mas o Si-mesmo é o sujeito do meu todo, também da psique inconsciente. Dentro dele está o Eu. O Si-mesmo 'gosta' de aparecer na fantasia inconsciente de 'personalidade superior' ou 'ideal', assim como, por exemplo, o Fausto de Goethe e o Zaratustra de Nietzsche. Neste sentido, o Si-mesmo seria a grandeza ideal que encerraria personalidade superior ou ideal [...] Por amor à idealidade, os traços arcaicos do Si-mesmo foram apresentados como distintos do Si-mesmo 'superior': em Goethe, na forma de Mefisto; em Spitteler na forma de Epimeteu; na psicologia, como o demônio ou o anticristo; em Nietzsche, Zaratustra descobre sua Sombra no 'mais feio dos homens'".

Nesse momento, vale ressaltar que ele se curou dos desmaios que sofria, justamente quando ouviu seu pai conversar com um amigo sobre como sentia uma enorme ansiedade acerca do futuro de seu filho.

---

2 JUNG, C. Tipos psicológicos. São Paulo: Vozes, 2016.

Conforme citado, para escapar dos muros da solidão, Jung utilizava-se dos conhecimentos adquiridos com filósofos famosos, mas não é à toa que um de seus filósofos favoritos viria a ser Heráclito. Acredita-se que Heráclito de Éfeso nasceu aproximadamente em 540 a.C. e faleceu em 470 a.C. Pré-socrático, era o filósofo do devir, o pai da dialética, conhecido como o "Obscuro" após a divulgação da obra "Sobre a Natureza", tão enigmática quanto sua postura e modo de vida, que rompiam com os padrões tradicionais da sociedade grega – é o pensador do "tudo flui" e do fogo, que seria o elemento do qual deriva tudo o que nos circunda.

É de Heráclito a doutrina da harmonia dos contrários, a qual afirma que nós somos e não somos, pois, para ser aquilo que somos em determinado momento devemos não ser mais aquilo que éramos no momento anterior. Do mesmo modo, para continuarmos a ser devemos continuamente não ser mais aquilo que somos em cada momento.

O devir ao qual tudo está destinado caracteriza-se por contínua passagem de um contrário ao outro: as coisas frias se aquecem, as coisas quentes se esfriam, o vivo morre, mas daquilo que está morto renasce outra vida jovem, e assim por diante. Há, portanto, guerra perpétua entre os contrários que se aproximam. Mas, como toda coisa só tem realidade precisamente no devir, a guerra entre os opostos se revela essencial.

A célebre frase de Heráclito que ilustra o princípio da causalidade é: "Não se toma banho duas vezes no mesmo rio". Diz que não se pode entrar duas vezes no mesmo rio, nem substância mortal tocar duas vezes na mesma condição; mas, pela intensidade e rapidez da mudança, dispersa e de novo reúne (ou melhor, nem mesmo de novo nem depois, mas ao mesmo tempo), compõe-se e desiste, aproxima-se e afasta-se.

Sua obra também é influenciada pela *Crítica da Razão Pura*[3] (CRP) de Kant, que Jung afirma ter revolucionado sua atitude perante o mundo e a vida.

A primeira edição da CRP é de 1781 e a segunda, com alterações substanciais, é de 1787, obra considerada como o marco do idealismo alemão. A CRP faz parte de uma trilogia, seguida pela *Crítica da Razão Prática*[4], de 1788, e pela *Crítica do Juízo*[5], de 1790. Nela, Kant tenta responder a primeira das três questões fundamentais da filosofia: Que podemos saber? Que devemos fazer? Que nos é lícito esperar?

Em 1895, Jung começou a cursar Medicina na Universidade de Basileia, defendendo uma visão holística e propondo uma análise do paciente na íntegra, evitando também generalizar qualquer um dos métodos utilizados. Sua proposta era de que as perguntas realizadas pelos médicos abrangessem o ser humano em sua totalidade, não criando barreiras e limites decorrentes dos sintomas que o paciente relatava estar sentindo naquele momento.

Em 1900, conseguiu especializar-se em psiquiatria e trabalhar como assistente de Eugen Bleuler na clínica psiquiátrica Burghölzli em Zurique. Bleuler o incentivou a tornar-se pesquisador, e em 1902, defendeu sua tese de doutorado *Sobre a psicologia e a patologia dos chamados fenômenos ocultos*, após ter dedicado dois anos

---

3 KANT, I. Crítica da razão pura. São Paulo: Martin Claret, 2015.

4 KANT, I. Crítica da razão prática. São Paulo: Martin Claret, 2015.

5 KANT, I. Crítica do Juízo. São Paulo: Forense Universitária, 2012.

frequentando e gravando as sessões espíritas de sua prima Hélène Preiswerk, buscando o embasamento para sua tese.

Jung definitivamente se impressionou como os espíritos pareciam reais para sua prima, que afirmava que não somente os via, mas também podia tocá-los e falar com eles de forma natural. Segundo relatos, o espírito chamado Ivenes falava um alto alemão, diferentemente do falado pela prima na Basileia. Jung concluiu, portanto, que Ivenes era, na verdade, a personalidade adulta e madura que se desenvolvia no inconsciente de sua prima Hélène.

Logo depois, Bleuler o orienta a montar um laboratório experimental onde ocorrerá a implementação do teste de associação de palavras, criado pelo antropólogo, meteorologista e matemático Francis Galton, para o diagnóstico psiquiátrico.

Durante esse teste, o médico lê para o paciente uma série de palavras, sendo que a cada palavra lida, o paciente deverá responder com a primeira palavra que lhe vier à mente. A resposta e o tempo gasto, em segundos, são registrados. Depois que todas as palavras foram apresentadas, o procedimento é repetido. O paciente deverá, portanto, responder com base nas mesmas palavras já lidas anteriormente.

O psiquiatra e neurologista Theodor Ziehen já havia demonstrado que, quando todas as palavras oriundas de respostas atrasadas eram reunidas, por vezes, se tornaria possível detectar nelas um aglomerado de ideias afins, comumente associadas na mente do indivíduo a algo não agradável ou a alguma ideia perturbadora, que foi denominado de complexo emocionalmente carregado de representações.

Esse conceito intrigou Jung, que em sua tese de doutorado já havia explorado a existência de personalidades parciais, constituídas por componentes inconscientes dissociados, semelhantes àqueles descritos como ideias fixas subconscientes.

Posteriormente, ao ler A *interpretação dos sonhos*[6], de Sigmund Freud, Jung relacionou os complexos de Ziehen com os desejos reprimidos e memórias traumáticas de Freud, que afirmava serem os responsáveis pelos sintomas neuróticos e pelo conteúdo dos sonhos.

Jung dava extrema atenção ao que os pacientes esquizofrênicos diziam e faziam e, com isso, ele demonstrava que os delírios, as alucinações e os gestos dos pacientes tinham muitos significados psicológicos. Ele realmente queria descobrir o que acontecia no íntimo de uma pessoa com doença mental. Como exemplo, ele atendeu, certa vez, uma paciente que permaneceu internada por cerca de quinze anos, que executava movimentos de sutura, parecendo que estava costurando sapatos — ela havia sido abandonada pelo amante sapateiro antes de adoecer.

O falecimento do pai, combinado com o pensamento do enantiodromia, ou seja, do ir contra, tendência de transformar-se em oposto, de Heráclito, causa em Jung um efeito libertador. Jung acreditava que as crianças desenvolvem a propensão de compensar em suas próprias vidas os fracassos dos pais. Portanto, ao contrário do pai, Jung demonstra coragem espiritual e rigor intelectual, resistindo ao dogma sempre que o encontrasse.

Em seguida, mudou-se para Paris onde estudou com Pierre-Marie Félix Janet, mais conhecido como Pierre Janet, um famoso psicólogo, psiquiatra e neurologista francês que contribuiu para os estudos das desordens mentais e emocionais. Mas, no ano seguin-

---

6 FREUD, S. A interpretação dos sonhos. São Paulo, LPM. 2015.

te, Jung regressou ao hospital de Burghölzli para assumir um cargo de chefia que lhe possibilitou montar, em 1904, um laboratório experimental em que implementou o teste de associação de palavras para o diagnóstico psiquiátrico.

Em 1903, casou-se com a suíça Emma Rauschenbach, com quem viria a ter cinco filhos: Franz Jung-Merker, Agathe Niehus, Marianne Niehus, Helene Hoerni e Gret Baumann.

Em 1904, a russa Sabina Spielrein, de família judia, foi internada com sintomas de histeria no hospital de Burghölzli. Mais tarde, Jung viria a se envolver emocionalmente com essa paciente e a trataria colocando em prática o método desenvolvido por Sigmund Freud. Essa relação traz conflitos morais e religiosos para Jung, que se considerava cristão e monogâmico.

Essa relação foi narrada, posteriormente, pela autora Sabine Richebächer no livro *Sabina Spielrein – de Jung a Freud*[7], que viria a inspirar a produção do filme *Um Método Perigoso* (*A Dangerous Method* – no original), do diretor David Cronenberg com as brilhantes atuações de Michael Fassbender como Carl Jung, Viggo Mortensen como Sigmund Freud e Keira Knightley como Sabina Spielrein. O filme foi exibido no Festival de Veneza de 2011, conquistando uma indicação ao Globo de Ouro de Melhor Ator Coadjuvante para Viggo Mortensen. O filme aborda a conturbada e intensa relação entre os dois psicanalistas e a paciente Sabina Spielrein.

Dentre as polêmicas envolvendo a vida de Carl Jung está a acusação de ser simpatizante ao nazismo, tendo em vista a assunção

7 RICHEBÄCHER, S. Sabina Spielrein – de Jung a Freud. Rio de Janeiro: Civiliazação Brasileira, 2012.

da presidência da Sociedade Médica Internacional Geral para a Psicoterapia em 1933, exatamente o ano de ascendência de Adolf Hitler ao poder.

No ano seguinte, as acusações se fortaleceram depois que ele afirmou que os judeus se apoiavam no povo anfitrião para desenvolver seus instintos. No entanto, ele não deu indícios apenas de simpatia, como também, de rebeldia ao realizar, como presidente da Sociedade Médica Internacional de Psicoterapia, dois congressos fora da Alemanha. O primeiro em 1937, em Copenhague, capital da Dinamarca e; o segundo em 1938, em Oxford, na Inglaterra, no Reino Unido.

Ele ainda interpretou o nacional socialismo, o comunismo e outros "ismos", em geral, como fenômenos patológicos de identidade, o que seria um surto do inconsciente coletivo. Após a publicação de sua obra *Psicologia e Religião*[8], em 1940, as autoridades alemãs ordenaram que toda a sua obra fosse queimada nos países invadidos pelos nazistas.

Carl Gustav Jung faleceu em 6 de junho de 1961, aos 85 anos de idade, na sua casa, bem às margens do lago de Zurique, e foi sepultado na Protestant Church Graveyard, em Küsnacht, na Suíça.

---

8 JUNG, C. Psicologia e religião oriental. São Paulo: Vozes: 2013.

CAPÍTULO 2
CARL GUSTAV JUNG E SIGMUND SCHLOMO FREUD

Jung encontrou em Sigmund Freud um grande companheiro para desbravar os caminhos da mente, um amigo na busca incessante pelos caminhos da Medicina e da Psiquiatria. Em 1906, Jung enviou a Freud uma cópia do livro *Estudos sobre a Associação de Palavras*, que reforçava a existência do inconsciente, confirmando as concepções de Freud sobre o recalque e a repressão.

Sua atitude gerou uma resposta entusiasmada de Freud, e em 1907, Jung viajou para encontrá-lo em Viena. O primeiro encontro ocorreu em 27 de fevereiro e tornou-se o início de uma amizade. Encantaram-se um com o outro. Claro que o fato de ambos desenvolverem trabalhos inéditos nas áreas de Medicina e Psiquiatria ajudou bastante. Esse primeiro e famoso encontro transformou-se em uma conversa empolgada, que durou treze horas – apesar de vários escritores afirmarem ao longo do tempo que esse diálogo durou trinta horas ininterruptas.

Jung encontrou em Freud um homem mais velho e experiente, que representava de certa forma ter mais coragem intelectual do que seu próprio pai. Essa identificação se tornou tão forte, que fez com que escrevesse após o primeiro encontro: "Deixa-me apreciar sua amizade não como entre iguais, mas como aquela entre pai e filho".

Freud o reconheceu como o mais capaz de seus seguidores, e há quem afirme que Freud considerava torná-lo seu substituto e herdeiro do movimento psicanalítico, chamando-o de sucessor e príncipe coroado, estabelecendo, assim, uma relação pai e filho que ambos certamente precisavam.

Nos sete anos seguintes, eles trocaram confidências, análises, informações sobre seus próprios sonhos e discutiam casos clínicos. O resultado dessa relação foi um dos legados mais preciosos da história da Medicina e da Psicanálise: mais de 360 cartas, que foram publicadas posteriormente.

No entanto, e naturalmente, ambos não concordavam em tudo. Para Jung, era inaceitável a suposição freudiana de que a motivação humana é de ordem exclusivamente sexual e que a mente inconsciente é inteiramente pessoal e peculiar ao indivíduo. Considerava que essa linha de pensamento era reducionista e estreita.

Jung preferia pensar a libido como uma força de vida, da qual a sexualidade era simplesmente um modo de expressão, e não algo totalmente sexual como Freud afirmava.

Freud, por sua vez, não admitia o interesse de Jung pelos fenômenos espirituais como fontes válidas de estudo em si e afirmava que nossas experiências são afetadas por pulsões primais contidas no inconsciente. Jung, em respeito ao companheiro, levou essa ideia adiante e investigou os elementos constituintes do inconsciente e seus mecanismos.

Ampliando a teoria da libido de Freud, Jung caracterizava a libido como toda a energia mental de um homem, diferentemente de

Freud, que a considerava como um poder semelhante ao conceito medicinal do Extremo Oriente do chi ou prana, ou seja, um esforço geral para alguma coisa.

A teoria da libido freudiana prega que, na infância, a libido se desenvolve por várias etapas características do desenvolvimento oral, anal, fálico, edipiano e por uma fase genital. Segundo ele, o distúrbio do desenvolvimento da libido é o que levava aos transtornos mentais.

Jung acreditava que havia uma camada mais profunda sob o inconsciente pessoal dos desejos reprimidos e das memórias traumáticas, o que ele nomeou de inconsciente coletivo, composto por toda a herança psíquica da humanidade.

No entanto, a parceria entre eles durou somente até 1911, quando Jung publicou a primeira parte do livro *Transformações e símbolos da libido*. Freud escreveu para ele, dizendo: "É arriscado para um ovo ser mais esperto do que a galinha". Tão logo Jung lhe respondeu: "Mesmo assim, o que está dentro do ovo precisa encontrar coragem para sair".

Em 1912, a relação entre eles é interrompida definitivamente com a publicação da segunda parte do livro, quando Jung escreve a Freud, citando Zaratustra: "Aquele que permanece pupilo retribui mal ao mestre".

É de senso comum que Freud não aceitava muito bem ser contrariado e, no fundo, o que ele realmente parecia buscar era um discípulo, um filho que estivesse disposto a defender sua autoridade e perpetuar – sem modificações – suas doutrinas e seus princípios. Nunca mais se viram ou mesmo trocaram correspondências.

Entretanto, não é possível abordar o rompimento da relação de Jung e Freud sem citar o fato que abalou, de vez, a relação de ambos, e que também ficou conhecido como o primeiro grande escândalo na psicanálise: Jung envolveu-se amorosamente com a paciente Sabina Spielrein. Este envolvimento foi acompanhado por Freud, por meio de cartas trocadas entre os três e publicadas posteriormente.

CAPÍTULO 3
JUNG E SABINA SPIELREIN: UM RELACIONAMENTO CONTURBADO

Certa vez, Jung confessou a Freud reconhecer em si mesmo componentes poligâmicos, em que dizia que a infidelidade consentida seria uma cláusula indispensável a um bom casamento. Sustentava, ainda, que na essência, dois tipos distintos de mulheres se fazem importantes na vida de um homem: a esposa e a *femme inspiratrice*.

A primeira seria necessária ao homem, segundo Jung, para desenvolver um lar, gerar e criar os filhos; e a segunda seria a companheira espiritual para compartilhar as fantasias e inspirar as grandes obras. Acredita-se que essa afirmação tenha tido origem na ruptura com sua própria "anima", o complexo feminino em seu inconsciente, quando foi separado da mãe na infância.

Na vida de Carl Gustav Jung, duas mulheres ocuparam a figura de *femme inspiratrice*: Sabina Spielrein e Antonia Wolff, dentre as quais a última tornou-se amiga íntima por vários anos.

No dia 17 de agosto de 1904, aos dezoito anos de idade, foi internada em Burghölzli, a histérica Sabina Spielrein. Sabina era uma jovem russa que estava hospedada com sua mãe e seu tio no Hotel Bauer, em Zurique, quando explodiu em agitação histérica, gritando, rindo, chorando, estilhaçando vidros e afirmando aos gritos não ser louca, mas apenas não suportar muita gente e muito barulho. No dia seguinte a esse acontecimento, Jung assumiu seu tratamento, e viu a primeira oportunidade de colocar em prática o método desenvolvido por Sigmund Freud.

Na biografia *Sabina Spielrein – De Jung a Freud*, que serviu de inspiração para a produção cinematográfica *Um método perigoso*, a autora Sabine Richebächer relata com alguns detalhes como se deu a internação de Sabina. Além de alguns grotescos erros de dados em seu prontuário médico, a jovem foi pesada, sem roupas, com 47,6 quilos – era magra, mesmo sendo uma jovem bastante pequena.

O primeiro passo foi alimentá-la. Nos primeiros dias de sua internação, Jung decidiu ter conversas clínicas com ela, com sua mãe e seu tio. Ele escreve durante vários dias em seu prontuário médico, classificando o pai dela como neurastênico, nervoso e trabalhador excessivo, enquanto classificou a mãe e os irmãos da paciente como histéricos, dentre outras características.

A paciente era bastante evasiva, demonstrando não querer falar sobre seus problemas, como se não desejasse ser curada. Mas o psiquiatra não desistiu e conseguiu "arrancar" dela uma confissão de que, aos onze anos de idade, ela teria apanhado do pai nas nádegas despidas, sendo algumas vezes na presença de seus irmãos. Para ela, o que piorava o castigo era o fato de o pai ser homem.

A sessão, no entanto, desandou: Jung acabou pressionando demais a paciente, que passou a acusá-lo de apenas "simular interesse" por ela. "Se eu disser tudo o que tenho para dizer, vou me alterar, vou piorar e aí você realmente vai ver quem sou", dizia.

A mãe de Sabina demonstrava preocupação com a filha, e informou Jung que ela tendia a se apaixonar com uma intensidade alarmante e, em seguida, se decepcionar de forma descontrolada, o que teria acontecido recentemente, inclusive. E, como veremos, é questionável que Jung tenha dado ouvidos a esse aviso.

A paciente recebeu a prescrição de repouso absoluto, devendo ser privada de certas formas de entretenimento, como livros e visitas, tendo em seu quarto somente a entrada da enfermeira de hora em hora, lá permanecendo por apenas cinco minutos e a entrada diária do médico.

Nos primeiros dias, ela dormiu mal, ficou bastante agitada e tinha medo de dormir no escuro. Apesar de ser uma medida bastante eficaz na época, essas medidas terapêuticas com restrição de visitas e repouso na cama eram impopulares com os familiares da paciente. Com o passar dos dias, Jung começou a realizar pequenos passeios com Sabina pelos jardins da instituição, evoluindo para a região dos lagos.

Richebächer fala sobre os roteiros da vida e as realidades psíquicas para explicar um pouco do que Sabina passava durante seu conflito psíquico:

> "'O mundo é um palco', e cada um de nós é autor e ator no drama da própria vida – assim como na vida das pessoas próximas. Voluntariamente ou não, as realidades psíquicas forçam caminho até o palco. Esse palco é a alma ou o corpo de cada um; por vezes o teatro da mente procura um cenário no mundo exterior, em mentes e corpos alheios. O Eu, que é ao mesmo tempo produtor e diretor, mostra uma inquietante tendência para reencenar sempre

as mesmas tragédias e comédias. Sigmund Freud explica isso dizendo que 'cada ser humano, por meio da interação de suas disposições inatas e das influências que recebe na infância, desenvolve uma maneira específica de conduzir sua vida amorosa'. Cada pessoa cria para si um modelo ou roteiro que é repetido desde o começo. Na psicanálise, esse fenômeno se chama 'transferência'. A transferência pode ser consciente ou inconsciente; positiva, passional ou terna; mas também pode ser dominada por animosidade, inveja e ciúme. O autor do roteiro é uma parte ingênua e infantil do Eu. No mundo adulto, no qual as regras da infância não valem e não são compreendidas, essa parte do Eu traz à cena conflitos não resolvidos, dores reprimidas, mas também desejos e formas anteriores de satisfação. Um motor para essa repetição é a busca – inadequada – de soluções melhores e mais felizes para a vida".

Durante sua internação, a paciente Sabina Spielrein apresentou três diferentes fases de transferência, como veremos a seguir:

A primeira fase de transferência em Sabina é constituída de um roteiro extremamente caótico, tendo como exemplo seu comportamento quando um dos médicos assistentes lhe proíbe de sair da cama, despertando na paciente um comportamento de revolta. Ela se levanta da cama e, aos gritos, diz que não será obediente e que não quer ser curada, acalmando-se apenas quando Jung chega e conversa com ela sobre boas maneiras e sobre o que é adequado ou não. No entanto, cerca de dois dias depois, a paciente tem um "ataque histérico" com uma das enfermeiras que se recusa a deixá-la sozinha no quarto, quando aparentemente ela queria fazer suas necessidades fisiológicas em privacidade; ela, então, espalha limonada pelo quarto inteiro, causando grande alvoroço e se acalmando apenas quando o médico assistente chega e ela pode lhe contar calmamente o que aconteceu, sem lhe faltar com a verdade em momento algum, para retornar para a cama em seguida.

Ficou bastante claro o comportamento "adolescente" de Sabina, ou, ao menos, hoje podemos julgar dessa forma, pois naquela época não seria visto dessa maneira. Mas, afinal de contas, ela tinha dezoito anos de fato nesta época e sempre foi mimada por sua família, se acostumando a ser servida pelos outros. Aparentemente, ela só obedecia prontamente ao psicanalista Carl Jung.

Durante quase um mês, Jung precisou ausentar-se devido a um curso de reciclagem militar. Nesse período, Sabina foi atendida de perto pelo psiquiatra suíço Eugen Bleuler, que prontamente assumiu o caso e não poupou mudanças na forma de trato com a paciente e sua família.

Richebächer relata o conteúdo de um relatório escrito pelo professor Bleuler ao pai de Sabina relatando certa melhora:

> "As agitações e travessuras infantis se tornaram menos frequentes, de forma que há dias nos quais tudo corre com tranquilidade. Felizmente, conseguimos despertar o interesse da srta. Spielrein por algumas atividades científicas, de modo que com isso ela se permite afastar durante horas dos seus ataques doentios. De manhã, toma parte com grande interesse nas investigações que realizamos sobre a doença, e à tarde costuma passear com sua enfermeira. Em geral, aproveita essa oportunidade para fazer algumas travessuras infantis, mas que são todas completamente inofensivas".

Pouco tempo após esse relatório, Sabina, com o apoio de Bleuler, decidiu cursar Medicina em Zurique. Com essa decisão, a jovem começou a utilizar melhor sua posição privilegiada no sanatório de Zurique, melhorando seu comportamento e conseguindo esporadicamente participar das discussões de caso com o professor Bleuler, além de ter demonstrado grande avanço quando passou a sentar-se à mesa de refeições ao lado dos médicos assistentes.

A segunda fase de transferência de Sabina deu-se em caráter paterno e sadomasoquista. Sabina passou a fazer jogos psicológicos com Jung, colocando-o à prova a todo momento e, se sentia que ele não a levava a sério, ou se tinha sua confiança abalada, vingava-se imediatamente com comportamento negativo e outras diabruras. Aos poucos, os acessos foram diminuindo e, a cada vez que ela aprontava alguma coisa, logo era acometida de um sentimento de culpa, demonstrando ter ciência de sua condição, mas sem demonstrar energias para reverter o quadro.

Ainda durante essa segunda fase de transferência, a paciente começou a exigir que Jung lhe causasse dor, lhe desse ordens e lhe tratasse mal, mas Jung não entrava no jogo e, logo, a dor se manifestava de outras formas: ela começava a mancar e a caminhar com a parte exterior dos pés, o que causava dores terríveis e necessitava de um tratamento adequado. Mas o desejo de ser maltratada por Jung continuava, e o tratamento parava de progredir conforme ela continuava demonstrando inteligência incomum e uma compreensão bastante intuitiva dos processos psíquicos.

Jung começou a demonstrar suas frustrações como profissional por não conseguir reverter o quadro, e retomou, portanto, testes que havia feito anteriormente com ela, como o teste de associação de palavras. Pouco a pouco, ele começou a se distanciar dos métodos freudianos, apesar de continuar a chamar seu caso de estudo psicanalítico, abrindo mão do divã e da associação livre, que constitui o instrumento técnico mais importante do método desenvolvido por Sigmund Freud.

Richebächer reproduz um poema escrito por Sabina em seu diário, em 1904, que há tempos não recebia atenção e que isso refletia como ela se sentia só e abandonada:

> "Vazio, escuro e frio.
> Vazio e escuridão por toda a volta.
> Estou sozinha neste mundo,
> totalmente só.
> Sem papai,
> sem mamãe,
> sem um lar.
> Não posso contar meus pensamentos a ninguém.
> Minha cabeça,
> cabeça, cabecinha.
> Nunca posso te deixar descansar,
> em nenhum lugar posso reclina-la.
> Meu pobre coração,
> meu coração partido,
> por que pulsas, inquieto e lamentoso,
> e com tanta dor?
> Pressentimentos obscuros
> e inquietações indizíveis.
> Ah, minha juventude perdida.
> Ah, minha vida arruinada".

Aos poucos, as horas que Sabina passava ao lado do jovem Jung se tornaram o melhor momento de seu dia, e assim como sua mãe havia previsto, Sabina se apaixonou por Jung, que começou a corresponder tais sentimentos.

Jung sempre foi muito reservado quanto à sua vida pessoal, mas as horas ao lado de Sabina começaram a surtir efeito nele, que inevitavelmente percebeu como ela era diferente de sua esposa. Sabina era decidida, tinha vontade própria, não se enquadrava no mesmo padrão de sua esposa, Emma, que "vivia" para satisfazer suas vontades. Ele chegava, inclusive, a lhe entregar sua tese para que ela a pudesse ler.

Mas, enfim, Jung saiu de férias, e Bleuler conseguiu ficar mais tempo de olho na jovem paciente. Ele percebeu que algo estava acontecendo e passou a ficar mais atento. Durante a ausência de Jung, a paciente realizava pequenas traquinagens e o problema ficou maior, inclusive, desde seu retorno.

Sabina atormentou tanto a enfermeira que cuidava dela, que precisaram designar outra pessoa para seus cuidados. Seu comportamento foi piorando e a agressividade retornando. Não havia nada que justificasse essa mudança comportamental em seu prontuário, entretanto, esse período, coincidentemente ou não, foi o mesmo em que Jung se tornou pai de Agathe Jung.

Com a insistência de Jung nos encontros, Sabina voltou a se abrir. Acabou contando que após apanhar do pai, aos quatro anos de idade, se sentia excitada sexualmente. Conta ainda que quando seus irmãos apanhavam e ela assistia, logo sentia a necessidade de se masturbar, o que voltou a ocorrer no sanatório em certa vez que viu uma paciente ser levada de volta para o quarto com certa violência.

A terceira fase de transferência de Sabina chega, então, a um plano mais adulto e sexual. Após ler a tese de Jung, Sabina passa a se "inspirar" em um dos casos e começa a "interpretar" uma mulher mais sedutora – momento em que Jung fica realmente balançado.

Durante os nove meses da internação, Jung envolveu-se emocionalmente com a belíssima paciente judia. O tratamento, enfim, deu resultado e a jovem superou seus medos, libertou-se das exigências da família e realizou seu sonho de ser médica.

Acredita-se que Jung passou a sofrer profundo conflito psíquico decorrente das profundas brigas com sua esposa, que tentava preservar seu casamento em uma relação monogâmica, o que não fazia parte do pretendido por Jung, que continuava a manter relações poligâmicas.

Sabina acabou tornando-se uma das primeiras psicanalistas do mundo. Apesar de sua paixão por Jung, na verdade, casou-se com Pavel Scheftel, um médico russo, também judeu. Teve duas filhas: em 1912, nasceu Renata, e em 1924, Ewa. Segundo Richebächer, Pavel morreu em plena rua, de infarto, em 1937, deixando sua esposa desolada.

Com o avanço das tropas nazistas, em 1942, a cidade de Rostov, onde Sabina morava na época com suas duas filhas, foi bombardeada durante terríveis ataques aéreos, obrigando-as a se abrigarem em um porão por onze dias sem verem a claridade, temendo por suas vidas, enquanto a cidade era – praticamente – inteira destruída. Ao término desses onze dias, as pessoas passam a deixar os porões e, apesar dos relatórios oficiais dizerem o contrário, há relatos de muitos abusos fascistas por parte dos alemães, e crianças e adultos fuzilados sem justificativa.

Na cidade em que Sabina vivia, diferentemente do que ocorria em outras cidades do Leste Europeu, a população judaica não vivia em guetos, mas sim espalhadas pela cidade, fato que fez com que os nazistas bolassem um plano para enganar os judeus, fazendo com que eles mesmos se identificassem. Espalharam cartazes que afirmavam que os judeus agora estavam sob a proteção do comandante alemão e que, por isso, poderiam ficar despreocupados, tendo apenas que se registrarem com informações pessoais e de identificação, como nome completo, filiação, ano de nascimento, nacionalidade, local de trabalho e endereço residencial.

Após o cadastramento da população judia, um segundo cartaz foi fixado como pretexto de proteção à comunidade judaica de agressões de pessoas não judaicas: todos os judeus deveriam mudar-se para uma comunidade exclusiva, onde seriam protegidos pelos oficiais alemães após se reunirem em seis pontos distintos de encontro.

Richebächer conta o relato de uma dona de casa chamada Lina Yakovlevna Pravdiyeva, residente no mesmo bairro que Sabina e suas filhas, o bairro Andreyevski:

> "Em 9 de agosto de 1942, os alemães ordenaram que todos os judeus comparecessem com todos os seus objetos de valor e as chaves de suas casas nos pontos de reunião em 11 de agosto. Nesse dia os judeus se reuniram nesses pontos (no pátio da escola que fica na esquina da Sozialistitcheskaya com a Gazednaya). Os objetos e as chaves dos que chegavam eram tomados e jogados em uma pilha, e os judeus eram conduzidos até o outro lado do pátio. Depois de algum tempo, chegavam veículos alemães nos quais os judeus eram amontoados. Quando algum idoso ou criança não conseguia subir rápido o bastante, era agredido e jogado para dentro do veículo com as pernas para fora. [...] Os alemães levaram os veículos cheios de judeus na direção da 'pequena cidade do trabalho'".

As pessoas logo percebem que nada daquilo se tratava de proteção, muito pelo contrário. Sabiam que seriam exterminadas. Muitas das pessoas capturadas colocaram fim em suas próprias vidas. O desespero era inimaginável e os soldados nazistas não poupavam ninguém – nem mulheres, nem idosos e nem as crianças.

Sabina e suas duas filhas morreram juntas em 1942, assassinadas por soldados nazistas. Ainda segundo Richebächer, nos arquivos do holocausto, em Jerusalém, há três formulários que atestam as mortes de Sabina Spielrein, Renata Scheftel e Ewa Scheftel. Os formulários foram preenchidos em 1995, por Valéria Elvova, colega de escola de Ewa que escreveu ainda sobre o local, o momento e a causa da morte em "1942, mortas com outros judeus, em Rostov, às margens do Don".

A biografia escrita por Sabine Richebächer que citei mais de uma vez neste capítulo é bastante rica em detalhes e fatos históricos que nos transportam para o momento vivido, para a situação enfrentada e aonde vamos ao encontro dos sentimentos dos envolvidos.

Para compreendermos mais sobre Carl Gustav Jung, sinto que devemos sempre honrar sua história e as personagens que por ela passaram. O contexto vivido resulta nos grandes feitos e também, podemos dizer, nos grandes defeitos que temos conhecimento sobre esse psicanalista de tamanho destaque.

Veremos mais à frente o contexto vivido por Jung na época da Segunda Grande Guerra e as acusações acerca de sua postura perante o terror nazista.

CAPÍTULO 4
PSICOLOGIA ANALÍTICA

A criação da psicologia analítica, também conhecida como psicologia junguiana ou até mesmo como psicologia complexa, foi embasada na tese de doutorado de Jung, que serviu como respaldo científico para toda a fundamentação teórica.

Neste ramo da Psicologia, o verdadeiro trabalho do desenvolvimento da personalidade ocorre em nível inconsciente. É nesse segmento que as personalidades ou complexos existentes na psique inconsciente conseguem se personificar em sonhos, alucinações ou transes.

Neste contexto surgem a técnica terapêutica (imaginação ativa) e o conceito teológico (individuação), tendo como meta o desenvolvimento pessoal, a inteireza, ou seja, tornar-se um humano tão completo quanto as circunstâncias pessoais permitirem. Portanto, mais uma vez, é possível encontrar os pensamentos do filósofo Heráclito nas conclusões de Jung, pois caminhamos em busca de nós mesmos para atingirmos nossa própria individuação – o pensamento que norteia os caminhos para a felicidade por meio do autoconhecimento.

Há uma frase de autoria desconhecida que diz: "Só é feliz a dois aquele que já é feliz sozinho". Pensando no ser humano como um ser gregário, que para compor sua própria felicidade busca um parceiro, é incrível que ainda sejam observados matrimônios que fracassam pelo simples fato de que as pessoas ainda conhecem pouquíssimo sobre si mesmas.

Não está na nossa cultura o autoconhecimento. Há pouco tempo, o autoconhecimento em relação ao próprio corpo era um tabu – em lugares distantes, ainda é assim. A masturbação, o sexo e seus derivados não eram (e ainda não são) discutidos de forma esclarecida, quem dirá o íntimo de nossas mentes.

Em muitos lugares, psicólogos são vistos como médicos que tratam loucos, doidos, pessoas que não resolvem seus problemas por conta própria. Temos um problema educacional de profunda gravidade no Brasil e, portanto, a falta de cultura e de entendimento sobre outras áreas de nossa vivência colabora para a disseminação dessa cultura de que "cuidar da mente é uma vergonha".

Aos poucos, esta cultura tem mudado, e o progresso da área (com a consequente absorção da população) nos dá um pouco mais de esperança para os resultados possíveis, mas, infelizmente, esta é gradativa e, enquanto ela não ocorre, as relações se desfazem e as pessoas continuam perdidas não só em si, como nos outros.

Os seres humanos possuem vazios internos derivados da forma como são criados e como percebem o mundo. A Psicologia pode agregar – e muito — ao desdobramento dessa realidade, podendo proporcionar uma autodescoberta que poderá ser definitiva para o caminho da felicidade.

Jung justificou o surgimento da Psicologia apenas na modernidade, afirmando que o vazio espiritual dos seres humanos antes era preenchido pela mitologia e pelas religiões.

É possível resumir a teoria analítica como a teoria da personalidade, que é desenvolvida a partir de 1914, exatamente após o rompimento da relação com Sigmund Freud. Seus grandes pilares são o inconsciente coletivo, a sincronicidade e a individuação, institutos que distinguem esta vertente da psicanálise iniciada por Freud.

4.1. ENTENDENDO OS TRÊS PILARES DA PSICOLOGIA ANALÍTICA: INCONSCIENTE COLETIVO

Stevens (2012) afirma que o inconsciente coletivo é a base da qual todo indivíduo constrói sua própria experiência de vida.

Jung considerou confirmada a existência do inconsciente coletivo ao estudar os delírios e as alucinações de alguns pacientes esquizofrênicos e descobrir que essas manifestações continham símbolos e imagens, que também apareciam nos mitos e nos contos de fadas. Ele precisou defender sua ideia que era acusada de misticismo.

Carl constatou, ao analisar as sociedades espalhadas no mundo, que elas compartilhavam dos mesmos símbolos havia milhares de anos e pôde concluir que os seres humanos carregam em si uma parte que não se apoia nas experiências individuais – o chamado inconsciente coletivo, que é baseado nas predisposições funcionais de organização do psiquismo, composto por memórias herdadas. Seria sobre uma camada do inconsciente coletivo que repousaria o inconsciente individual.

Jung chegou, inclusive, a admitir que a ideia de inconsciente coletivo pode ser considerada estranha até que as pessoas a incorporem e utilizem como conceitos familiares. Além do mais, a ideia de inconsciente era considerada fantasiosa até Freud constatar sua existência, o que acabou fazendo com que conseguíssemos finalmente compreender o porquê das pessoas pensarem e agirem como o fazem. Em contrapartida à forma de inconsciente encontrada por Freud (como algo pessoal ao indivíduo), Jung acreditava que a mente inconsciente pessoal estava situada em cima do inconsciente coletivo.

Em *O Livro da Psicologia*[9] (2012), os colaboradores afirmam que o inconsciente individual repousa sobre uma camada mais profunda: o inconsciente coletivo.

Tom Butler-Bowdon (2012), em *50 grandes mestres da Psicologia*[10], escreve que:

> "Freud tinha compreendido o inconsciente como algo pessoal, contido dentro de um indivíduo. Jung, por outro lado, acreditava que a mente inconsciente pessoal estava situada em cima do inconsciente coletivo – a parte herdada da psique humana que não era desenvolvida por experiência pessoal...".

Alguns pesquisadores estudam até hoje para comprovar que o registro do inconsciente coletivo está no ácido *desoxirribonucleico* – ADN, em português; ou *deoxyribonucleic Acid* – DNA, em inglês). As pesquisas partem da premissa de que a consciência genética e o inconsciente coletivo surgem exatamente quando o sistema nervoso central torna-se consciente de sua ligação com os genes.

---

9 HERMETO, C.; Martins, A. O livro da Psicologia. São Paulo: Globo Livro, 2013.

10 BUTLER-BOWDON, T. 50 grandes mestres da Psicologia. São Paulo: Universo dos Livros, 2014.

Para Jung, a criança nasce pronta para perceber padrões, arquétipos e símbolos; e a mente inconsciente pessoal – situada sobre o inconsciente coletivo, ou seja, sobre a parte herdada da psique humana e que não era desenvolvida por experiências pessoais – contrapõe o que era defendido por seu mestre, Sigmund Freud, que havia concluído a existência do inconsciente como algo pessoal, existente dentro de cada indivíduo como vimos anteriormente.

Esse fato fez Carl Jung acreditar que o inconsciente coletivo era expresso por meio de arquétipos, como veremos nas próximas páginas.

4.2. ENTENDENDO OS TRÊS PILARES DA PSICOLOGIA ANALÍTICA: SINCRONICIDADE

O fenômeno da coincidência significativa não implica a aleatoriedade das circunstâncias, mas sim um padrão subjacente ou dinâmico, que é expresso nos eventos ou relações significativas, e ficou conhecido como Sincronicidade.

Esse conceito interdisciplinar une a Psicologia à Física. É uma coincidência no tempo de dois ou até mais eventos causalmente desvinculados, mas semelhantes ou de mesmo significado. Por exemplo, quando sonhamos com a morte de um parente ou amigo, próximo a nós ou não, e na mesma noite a pessoa morre. No entanto, a Sincronicidade também se manifesta de forma atemporal em eventos energéticos casuais, onde, em ambos os casos, são violados os princípios associados ao paradigma científico vigente – este é conceito que uniu Jung ao físico Wolfgang Pauli, dando início às pesquisas interdisciplinares em Física e Psicologia.

Wolfgang Ernst Pauli foi um físico austríaco que ficou famoso por seu trabalho teórico sobre o "spin do elétron". Sua mania de perfeição não se limitava ao próprio trabalho e, por isso, suas duras críticas aos trabalhos de seus colegas lhe renderam o apelido de "a consciência da Física".

A Sincronicidade é bastante reveladora e necessita de uma compreensão espontânea, sem a busca de um raciocínio necessariamente lógico. Jung denominou essa compreensão instantânea de "*insight*", podendo ser encontrada na base da atitude dos chineses diante da realidade incorporada no *Livro das Mutações (I Ching)*[11].

4.3. ENTENDENDO OS TRÊS PILARES DA PSICOLOGIA ANALÍTICA: INDIVIDUAÇÃO

Individuação é a realização do Si-mesmo, do "self". É considerado o conceito central da psicologia analítica e do processo central do desenvolvimento humano, no qual o indivíduo é capaz de integrar os opostos dentro de si e, mais precisamente, confrontar os vários aspectos sombrios, reconhecendo-os e despindo-se da *persona* e das imagens primordiais.

Tom Butler-Bowdon (2012), em *50 grandes mestres da Psicologia*, afirma que:

> "[...] o objetivo da vida era a 'individuação' deste self, um tipo de união do consciente de uma pessoa e das mentes inconscientes, para que sua promessa original única pudesse ser alcançada. Esta concepção mais ampla do self

11 I CHING - O livro das mutações. Rio de Janeiro: Garamond, 2013 (vários autores).

> também era baseada na ideia de que humanos são expressões de uma camada mais profunda de consciência universal. Para compreender a singularidade de cada pessoa, paradoxalmente, tínhamos que ir além do self pessoal para entender o funcionamento deste conhecimento coletivo mais amplo".

Jung aponta os sonhos como forças naturais que auxiliam o ser humano no processo de individuação.

A teoria do "self" encontra respaldo também na teoria dos arquétipos que também foi criada por Jung. Segundo Rosangela Corrêa, psicoterapeuta especialista em psicologia junguiana, o fato de termos este arquétipo não significa que o processo de individuação esteja em andamento, mas sim que o self promove chamados para este processo sem um final determinado, visto que a psique é dinâmica.

A letra "S" é destacada em maiúscula para diferenciar o "si mesmo" de uso comum do "Si-mesmo" utilizado por Jung, que destaca o que transcende o ego e é inerente à realização completa do plano para a existência humana dentro do contexto de vida do sujeito. É a *rainson d'être* do Si-mesmo.

Para Jung, o Si-mesmo vai além. Ele busca a realização no âmbito espiritual da arte e da religião, assim como no íntimo da alma, podendo ser experimentado como um mistério profundo, algo secreto, uma manifestação do deus interior.

Entretanto, não podemos confundir o processo de individuação com individualismo. São opostos, pois o processo de individuação busca estimular o indivíduo a desenvolver condições para que cada um possa despertar o melhor de si e do outro, o tempo todo, tirando-o do isolamento e estimulando o outro a empreender em uma convivência coletiva maior e mais saudável, por estar mais próximo, conscientemente da totalidade, mas ainda, mantendo sua individualidade.

Ou seja, o processo de individuação busca aproximar o mundo do indivíduo, sendo o autoconhecimento o responsável em atuar como um caminho, um meio para promover as tão importantes e necessárias quebras de padrões comportamentais que atrapalham o processo de individuação.

De um modo geral, os indivíduos atuam com certa dificuldade quando devem sair de suas zonas de conforto para encarar novos desafios, novas realidades e encontrar seu desenvolvimento, pois geralmente encontram a necessidade de enfrentar seus fantasmas pessoais, seus medos e receios. Assim, para que a individuação ocorra, se torna indispensável a participação do Ego, pois é o Ego que promove a motivação, o querer sentir-se motivado e embarcar nesse processo. Às vezes, no entanto, o Ego segue em sentido contrário, devido a este processo ser doloroso e muitas vezes árduo.

Stevens (2012) afirma que, para Jung, o Complexo do Ego advém do Si-mesmo no decorrer do desenvolvimento da infância, pois o Ego em si é o centro da consciência. É a ele que nos referimos quando usamos o termo “eu” ou “mim”. Ele é o responsável pelo senso contínuo de identidade, por isso, aos oitenta anos, ainda nos sentimos a mesma pessoa de quando éramos crianças – e aí, vale ressaltar, que na obra de Jung não conseguimos encontrar uma distinção clara entre Consciência e Ego.

4.4. A PSICOLOGIA ANALÍTICA E A RELIGIÃO

Não é segredo algum a discordância entre Sigmund Freud e Carl Jung quanto ao significado da religião na vida dos indivíduos, pois Jung defendia que a religião ajuda a personificar as dimensões mais profundas da psique humana, enquanto Freud associava algumas práticas religiosas aos sintomas comumente vistos em pacientes que sofrem de neurose obsessiva compulsiva.

Apesar de diversos teóricos de diferentes áreas já terem abordado o conceito de religião e sua contribuição, positiva ou negativa ao desenvolvimento humano, nos ateremos ao pensamento relacionado à psicanálise pelo ponto de vista, principalmente, de Carl Jung.

Primeiramente, antes de entrarmos nesse polêmico tema, faço questão de distinguir os conceitos de religiosidade e de religião. Segundo artigo do Portal Educação, religião pode ser descrita como um conjunto de crenças e filosofias que são seguidas pela grande massa de pessoas de acordo com seus ensinamentos, doutrinas e até mesmo costumes. A religiosidade não é tão diferente assim da religião, podendo estar próxima da espiritualidade; no entanto, ela tem mais conexão com a pré-disposição à religião. Jung diferenciava bastante a espiritualidade por relacioná-la diretamente ao conceito de espírito.

Para Jung, o que caracteriza a religiosidade é, basicamente, a atitude particular de uma consciência transformada pela experiência do numinoso, que é a constituição de uma condição do sujeito e independe de sua vontade.

Enfim, com essa ideia, podemos seguir adiante no método sistemático de conhecimento que a psicanálise apresentou sobre o comportamento mental dos seres humanos e que acabou por revolucionar o conceito de pessoas. Sigmund Freud apresentou um novo método de fazer ciência, ou melhor, um novo caminho, ao, por meio de sua psicanálise, inserir limites à autonomia plena da consciência dos indivíduos. Ou seja, a partir desse momento, a ciência poderia investigar o desconhecido na mente humana, pois fatores que anteriormente eram vistos como banais ou naturais aos indivíduos naquele instante poderiam ser investigados como fatores que influenciavam as pessoas, conduzindo-as por novas e marcantes experiências.

Sabemos que a psicanálise criada por Freud funciona como um método terapêutico para tratamento dos problemas vivenciados no ambiente psíquico e, sobretudo, que sua teoria psicanalítica está estruturada em fatores importantes: a ênfase na afetividade, na dinâmica da mente, no fato de que todos os fenômenos mentais possuem um significado e uma causa, além da teoria do conflito e do recalque, assim como crença de que os sintomas buscam uma satisfação substituta e o peso da importância da vida sexual, incluindo o início da sexualidade infantil.

Dentre as observações profissionais vivenciadas por Freud, destaca-se "a neurose como uma religiosidade individual e a religião como uma neurose obsessiva universal". Para Freud, os comportamentos obsessivos tinham origem na prática religiosa; a neurose obsessiva, principalmente, seria uma caricatura da religião, que, por sua vez, seria uma espécie de neurose coletiva.

É possível acompanhar mais da visão de Sigmund Freud sobre a religião e seu início nas obras *Totem e Tabu*[12], *O mal-estar na civilização*[13] e *O futuro de uma ilusão*[14], dentre outros, pois não serão abordadas neste espaço, mas são extremamente pertinentes, tendo em vista que demonstraram os motivos que levaram o "pai da psicanálise" a considerar a religião como uma ilusão.

Ao contrário de Sigmund Freud, o "pai da psicologia analítica", Carl Jung considerava a religião como algo importante para as experiências e para o crescimento humano. Para ele, a religião e a religiosidade são, na verdade, a união da experiência individual com a tradição religiosa.

Jung não buscava provar ou explicar a existência ou ausência de Deus, mas, na verdade, buscava estudar a imagem que o indivíduo tem de Deus. Jung destacava que a religião tem papel importante no processo de individuação, ou seja, no crescimento e amadurecimento do indivíduo, e expressou certa admiração pela Igreja Católica por compor em seus rituais o processo de confissão e pela direção espiritual, que, para ele, era o objetivo da religião: a manutenção da saúde espiritual.

Portanto, vale destacar que para Jung, Deus "é simplesmente uma função psicológica necessária, de natureza irracional, que absolutamente nada tem a ver com a questão da existência de Deus", pois a ideia de Deus na psique humana não é influenciada ser for

---

12 FREUD, S. Totem e tabu. São Paulo: Cia. da Letras, 2013.

13 FREUD, S. O mal-estar na civilização. São Paulo: Penguin Cia. das Letras, 2015.

14 FREUD, S. O futuro de uma ilusão. São Paulo: LPM, 2015.

consciente ou inconsciente – na verdade, se trataria de um arquétipo, ou seja, um produto do inconsciente coletivo.

Aquele problema de falta de referencial na vida, que leva as pessoas ao sofrimento, segundo Jung, poderia ser suprido pela vivência da fé, pois a direção espiritual busca desenvolver o crescimento humano psíquico-afetivo dos indivíduos.

Por fim, pudemos ver que apesar de Sigmund Freud ter apresentado muitos escritos envolvendo o tema "religião", sua proposta era baseada no fato de crer que os indivíduos não possuem necessidade de viver envoltos na religião, tendo em vista que a religiosidade funcionaria como uma repetição do que o indivíduo realiza quando está em seu estado neurótico compulsivo.

Friamente, não creio que ele esteja de todo errado, pois sabemos que algumas religiões trabalham no sentido contrário ao crescimento humano, servindo como um desfavor ao desenvolvimento social e cultural de seus adeptos, envolvendo-se, inclusive, em ações que não possuem viés religioso, mas sim, laico.

Aliás, algumas religiões, inclusive, atuam perpetuando o medo, a culpa e trabalhando o arquétipo da Sombra em seus seguidores, o que desconstrói suas personalidades, individualidades e autoestimas, mantendo-os "presos" aos seus conceitos, com medo da punição divina, reforçando a pulsão de morte.

Já Carl Jung propôs outra perspectiva, pois acreditava que na estrutura da personalidade há uma predisposição à religiosidade, e seu desenvolvimento promoveria o crescimento espiritual. Ele enxergava a origem da religião como oriunda dos arquétipos, o que faria com que não precisasse ser fundamentada na fé ou nas tradições.

Para a teoria junguiana, a direção espiritual deveria despertar e incentivar a confiança, impulsionando o melhor dos indivíduos que a seguem. Assim, Jung demonstrava a importância da experiência religiosa, mas não devido ao conteúdo apresentado pela religião em si, mas pela maneira como os indivíduos a vivenciam.

CAPÍTULO 5
O USO DAS MANDALAS PARA A CURA

Mandala, em sânscrito, significa "círculo". As mandalas compõem um conjunto de padrões abstratos e, segundo Jung, ao desenhar ou mesmo pintar uma mandala, as pessoas conseguem expressar vontades inconscientes em seus círculos ou em suas formas.

Em sua concepção, ao desenhar uma mandala e obter formatos de estrelas, sóis, ovos, animais, insetos, castelos e cidades – apesar de aparentemente serem produzidos por acaso –, estes desenhos refletem uma camada mais profunda, algo que não está ocorrendo de forma óbvia no pensamento consciente do indivíduo.

Para ele, um bom passo no processo de individuação, no início da cura psicológica, era quando as pessoas se tornavam capazes de interpretar de forma significativa as imagens presentes.

CAPÍTULO 6
TEORIA DA LIBIDO E AS PERSONALIDADES: EXTROVERTIDAS E INTROVERTIDAS

Ampliando a teoria da libido, de Freud, Jung a caracterizava como toda a energia mental de um homem, ao contrário de Freud, que a considerava como um poder semelhante ao conceito do Extremo Oriente do chi ou prana, ou seja, como um esforço geral para alguma coisa.

Segundo a teoria da libido, de Freud, na infância, ela se desenvolve por várias etapas características do desenvolvimento: oral, anal, fálica, edipiana e, finalmente, uma fase genital. Segundo ele, o distúrbio do desenvolvimento da libido pode levar a transtornos mentais.

Costumeiramente, julgamos as pessoas como extrovertidas ou introvertidas. Se hoje esta é uma prática considerada popular, no passado foi apontada como um dos mais pioneiros conceitos da psicologia analítica desenvolvida por Jung: a direção da libido para extroversão ou introversão, talvez o conceito mais famoso desta área.

Elvina Lessa, do Instituto Junguiano do Rio de Janeiro, afirma que a distinção que Jung faz entre as personalidades reside na direção dos interesses e no movimento da libido (energia psíquica).

A grande diferença está no enfoque que as pessoas dão ao objeto ou ao sujeito. Pessoas de personalidade extrovertida enfocam o objeto e as pessoas de personalidade introvertida enfocam o sujeito.

Jung determina os dois principais tipos psicológicos, as duas grandes direções da libido: a extroversão e a introversão. Segundo Jung, na obra *Tipos psicológicos*:

> "Tipo é uma disposição geral que se observa nos indivíduos, caracterizando-os quanto a interesses, referências e habilidades. Por disposição deve-se entender o estado da psique preparada para agir ou reagir numa determinada situação".

Pessoas extrovertidas encarregam-se da iniciativa, da ação prática; e as introvertidas encarregam-se da reflexão.

A energia da pessoa extrovertida flui de maneira natural para o mundo externo de objetos, fatos e pessoas. São pessoas que realizam ações antes de pensar, têm comunicabilidade, sociabilidade e facilidade de expressão oral. Para o extrovertido, a libido flui de dentro para fora, ficando mais fácil a adaptação às condições externas, pois o extrovertido vai confiante ao encontro do objeto.

Na introversão, o indivíduo direciona a atenção para o seu mundo interno de impressões, emoções e pensamentos. Encontramos nos introvertidos ações voltadas para o interior, o pensar antes do agir, postura reservada, retraimento social, retenção das emoções, discrição e facilidade de expressão escrita.

O introvertido ocupa-se, ainda, dos seus processos internos suscitados pelos fatos externos. Pessoas introvertidas têm sua orientação por fatores subjetivos, dentro da realidade, e não se baseiam pelo aspecto objetivo.

Segundo afirmou Jung, nenhum ser humano é exclusivamente um nem outro:

> "[...] ambas as atitudes existem dentro dele, mas só uma delas foi desenvolvida como função de adaptação; logo podemos supor que a extroversão cochila no fundo do introvertido, como uma larva, e vice -versa".

A psiquiatra e médica brasileira Nise da Silveira, que foi aluna de Carl Jung, também se manifestou acerca dos tipos psicológicos:

> "[...] não só o homem comum pode ser enquadrado numa dessas duas atitudes típicas. Igualmente os filósofos, através de suas concepções do mundo revelam seus tipos psicológicos, bem como os artistas, através de suas interpretações da vida. Jung se intrigava que os mesmos fenômenos psíquicos fossem vistos e compreendidos tão diferentemente por homens de ciência, cada um de seu lado, honestamente convencido de haver descoberto a verdade única".

Nesse caso, portanto, não podemos deixar de notar que todos os seres humanos se enquadrariam em um tipo psicológico, assim, podemos perceber algumas distinções entre Jung e Freud, caso tentássemos enquadrá-los em um desses tipos psicológicos.

Na visão adotada por Jung, o tipo psicológico de uma pessoa não seria determinado apenas pela extroversão ou pela introversão, mas também por quatro funções conscientes adotadas pelo ego que ele chamou de funções psíquicas.

6.1. FUNÇÕES PSÍQUICAS

As funções psíquicas consistem em atividades da psique humana baseadas em habilidades, aptidões e tendências envolvendo o relacionamento da pessoa consigo mesma e com o mundo à sua volta. As reações obtidas pelos indivíduos, inicialmente, de bate-pronto, estão relacionadas, dentre alguns motivos, à herança genética, às influências do meio/núcleo familiar e, claro, às experiências obtidas ao longo da vida.

No entanto, apesar de classificar indivíduos em extrovertidos e introvertidos, Jung destacou que um indivíduo extrovertido, por exemplo, pode diferir bastante de outro indivíduo da mesma categoria, e essas diferenças apresentadas seriam causadas pelas diversas formas que cada pessoa aplica sua própria mente, pelas funções psíquicas geralmente utilizadas para se relacionar com o mundo interno ou externo.

Jung destacou, portanto, quatro diferentes funções psíquicas que a nossa mente consciente utilizaria para se orientar no mundo exterior: a Sensação, o Pensamento, o Sentimento e a Intuição, que, somadas à introversão e à extroversão, compõem os Tipos Psicológicos.

Os quatro processos novos citados representam as duas maneiras opostas com as quais as pessoas julgam os fatos que as cercam: Pensamento e Sentimento; e duas maneiras opostas com as quais as pessoas percebem as coisas: Sensação e Intuição.

6.1.1. FUNÇÕES DE PENSAMENTO E SENTIMENTO

Pensamento e Sentimento são funções consideradas racionais e são influenciadas pela reflexão, sendo conhecidas também como funções de julgamento por tratarem de conclusões acerca de fatos conscientes.

A função de Pensamento trata de lógica e conceito percebidos entre os fatos. É utilizada, geralmente, por pessoas que procuram fazer análises lógicas e racionais dos fatos, julgando e diferenciando uma coisa de outra, excluindo o valor emocional e procurando tratar tudo com leis gerais a tudo, pois buscam a imparcialidade em seus julgamentos.

A função oposta ao Pensamento é a função do Sentimento. Pessoas que utilizam a função do Sentimento realizam exatamente o oposto das pessoas que utilizam a função anterior, ou seja, julgam o valor intrínseco das coisas, sempre valorizando ao máximo o sentimento em todos os seus julgamentos, como valores pessoais, seus ou dos outros, mas tratam os fatos com a lógica do coração, independentemente de ter sentido lógico segundo a visão dos outros.

6.1.2. FUNÇÕES DE SENSAÇÃO E INTUIÇÃO

Sensação e Intuição são consideradas funções irracionais por ocorrerem sem prévio julgamento – são funções que ocorrem no momento.

Sensação é a função dos sentidos, do real, da percepção do mundo. Indivíduos que utilizam essa função possuem foco em tudo o que é concreto e real, são voltados para o "presente", buscam ser práticos, mantendo a funcionalidade das coisas sem "inventar" demais.

Intuição é a função de contraponto da Sensação e é oriunda do inconsciente. Ocorre geralmente com base em pressentimentos e palpites, podendo vir durante sonhos ou devaneios, buscando sempre enxergar "a floresta como um todo e não apenas focar em uma única árvore". Por esse motivo, pessoas que utilizam essa função demonstram dificuldades na percepção dos detalhes.

Sobre os conceitos das quatro funções, Jung descreveu que o Pensamento é a função do conhecimento intelectual e da lógica, enquanto o Sentimento é a função que avalia as coisas de forma subjetiva. Já a Sensação utiliza os órgãos sensoriais, ao passo de que a Intuição é a percepção que ocorre por meio do inconsciente.

Seguindo ainda essa linha, ele disse que a Sensação constata o presente, enquanto o Pensamento nos permite conhecer esse presente; o Sentimento, por sua vez, nos mostra o seu valor, enquanto a Intuição compõe esse presente e nos mostra as possibilidades "de onde e para onde".

6.2. O DESENVOLVIMENTO DAS FUNÇÕES PSÍQUICAS

No âmbito psíquico, o desenvolvimento das quatro funções ocorre de maneiras distintas, fazendo com que cada função se torne a principal, ou como Jung preferiu chamar, se torne dominante. Assim, enquanto outra função se desenvolve um pouco menos do que a dominante, ela acaba se tornando uma função auxiliar por ocorrer com menor intensidade.

As outras funções foram categorizadas como terciária e inferior, e habitam o âmbito inconsciente do indivíduo. Como já vimos, o inconsciente é um produto fruto da interação entre o inconsciente coletivo e o meio ambiente em que a pessoa vive. Jung chegou a admitir que uma função que não for empregada pode escapar do controle do consciente, adentrando o espaço inconsciente e causando atividades anormais ou perturbações neuróticas.

Para melhor compreensão do desenvolvimento das funções psíquicas, entraremos um pouco mais no espaço das funções dominante, secundária, terciária e inferior.

6.2.1. FUNÇÃO DOMINANTE

A função dominante se mantém devido ao uso, por ser preferida pelo indivíduo, fazendo com que ao longo do tempo ela se torne mais desenvolvida do que as demais, tornando-se superior às outras na personalidade do indivíduo, determinando, assim, o aspecto mais funcional do tipo psicológico.

A predileção do indivíduo para o uso de determinada função pode ser resultado do meio em que vive e das decisões que teve que tomar ao longo de sua vida em busca da existência, conforme escreveu Jung:

> "Na luta pela existência e pela adaptação, cada qual emprega instintivamente sua função mais desenvolvida, que se torna, assim, o critério de seu hábito de reação [...]. Assim como o leão abate seu inimigo ou sua presa com a pata dianteira (e não com a cauda, como faz o crocodilo), também nosso hábito de reação se caracteriza normalmente por nossa força, isto é, pelo emprego de nossa função mais confiável e mais eficiente, o que não impede que às vezes, também possamos reagir utilizando nossa fraqueza específica".

Pode-se dizer que o tipo psicológico se fortalece conforme o indivíduo mais se identifica com determinada função psicológica. Desde os primeiros anos já é possível observar nas crianças a função psicológica que está predominando em suas decisões e relacionamentos. Da mesma forma, é possível observar qual função está se tornando inferior, quase inexistente.

6.2.2. FUNÇÃO SECUNDÁRIA OU AUXILIAR

Essa função não é oposta à função dominante, mas é distinta e serve de apoio à função principal, trazendo assim equilíbrio entre a extroversão e a introversão, e, consequentemente, ao julgamento e à percepção. A função secundária funciona como um soldado que atende às ordens e vontades do seu general, que nesse caso é a função dominante.

6.2.3. FUNÇÃO TERCIÁRIA

A função terciária é a função oposta à função auxiliar e não teve seu desenvolvimento aperfeiçoado; no entanto, completa o processo da dinâmica atribuída às quatro funções da tipologia definida.

6.2.4. FUNÇÃO INFERIOR

É a menos desenvolvida das quatro funções e geralmente se contrapõe à função dominante, conforme os exemplos dados antes. Ela tem como destaque sua grande carga de emoção e autonomia devido ao fato de não estar subordinada à função dominante, ou seja, dentro da consciência.

Segundo a regra, a função dominante é consciente, enquanto a inferior habita o inconsciente, que, nas palavras de Jung, é o local onde existe uma ferida aberta, por onde qualquer coisa pode entrar.

Podem ocorrer casos em que um indivíduo funcione unilateralmente, fazendo com que a função dominante absorva muita energia psíquica da função inferior, fazendo com que ela permaneça nas profundezas do inconsciente, tornando-se primitiva à medida que não foi desenvolvida. No entanto, eventualmente, a função inferior pode vir a ganhar energia, comparecendo ao consciente sem aviso prévio, trazendo consigo o desequilíbrio e a neurose. Pois, como já foi dito, a função inferior não significa que o indivíduo não tenha aquela função, mas sim que ela existe e ocorre sem a participação do consciente da mente – quando ela é negligenciada por muito tempo, pode vir a emergir e interferir no setor consciente da mente humana.

Para Jung, a melhor forma de resolver essa dinâmica psíquica é buscando o equilíbrio dessas funções opostas, reconhecendo cada uma delas para que não ocorra a repressão e a emersão desastrosa de alguma delas no âmbito consciente.

CAPÍTULO 7
A UTILIZAÇÃO DA CLASSIFICAÇÃO DE MYERS BRIGGS (MBTI)

A classificação de Myers Briggs (MBTI) é um instrumento utilizado para identificar características e preferências pessoais. Foi desenvolvido por Katharine Cook Briggs e sua filha Isabel Briggs Myers, durante a Segunda Guerra Mundial (1939--1945), baseando-se nas teorias de Jung sobre os tipos psicológicos.

Esta classificação considera que os indivíduos acham certas maneiras de pensar e agir mais fáceis do que outras, com base em quatro pares opostos de maneiras de pensar e agir, chamados dicotomias (extroversão/introversão, sensorial/intuição, razão/sentimento e julgamento/percepção).

Indivíduos introvertidos obtêm energia quando estão envolvidos com ideias; refletem antes de agir e, novamente, refletem. Já os indivíduos extrovertidos obtêm energia por meio da ação, realizam várias atividades; agem primeiro e depois pensam.

Os introvertidos precisam de tempo para pensar e recuperar sua energia. Em geral, são pouco sociáveis. Quando os indivíduos extrovertidos estão inativos, sua energia diminui, mas em geral são sociáveis.

Indivíduos intuitivos preferem informações abstratas e teóricas, que podem ser associadas com outras informações.

Gostam de interpretar os dados com base em suas crenças e experiências pessoais. Trabalham bem com informações incompletas e imperfeitas.

Os indivíduos sensoriais são indivíduos que confiam em coisas palpáveis, concretas, informações sensoriais. Gostam de detalhes e fatos. Para eles, o significado está nos dados. Precisam de muitas informações.

Os indivíduos racionalistas decidem com base na lógica e procuram argumentos racionais. Em contrapartida, os indivíduos sentimentais decidem com base em seus sentimentos.

O importante nesta análise toda: não podemos – nunca – deixar de distinguir emoção de sentimentos. Emoções são experiências subjetivas, associadas ao temperamento, personalidade e motivação. Vale aqui ressaltar que motivação é o movimento de fora para dentro. A palavra deriva do latim *emovere*.

Sentimento, no entanto, é o que os seres humanos são capazes de sentir nas situações que vivenciam. Medo é uma informação de que há risco, ameaça ou perigo direto para o próprio ser ou para interesses correlatos. A empatia é a informação sobre os sentimentos dos outros – e esta informação não resulta necessariamente na mesma reação entre os receptores, mas varia, dependendo da competência em lidar com a situação.

Pessoas julgadoras, por exemplo, são aquelas que se sentem tranquilas quando as decisões são tomadas, enquanto as perceptivas sentem-se tranquilas deixando as opções em aberto.

No livro *O homem e seus símbolos*, publicado dois anos após a morte de Jung, podemos ver que, segundo ele, a sensação é a percepção sensorial que nos diz que alguma coisa efetivamente existe. No pensamento, mostramos o que é esta coisa; no sentimento, revelamos se essa coisa é agradável ou não; na intuição, ouvimos de onde vem e para onde vai.

CAPÍTULO 8
O ESTUDO DOS ARQUÉTIPOS

Segundo Jung, o pensamento e o sentimento são funções racionais, enquanto a sensação e a intuição são funções irracionais. Considerava, ainda, que cada um dos mitos representava uma faceta do ser humano. Jung detectou que, há milhares de anos, as sociedades espalhadas pelo mundo apresentavam os mesmos mitos e símbolos. Para ele, as partes do ser humano encontradas na Mitologia passaram a ser denominadas como Arquétipos.

Arquétipo, do *latim archetypum*, primeiro modelo, imagem atemporal de alguma coisa, antigas impressões sobre algo. Jung afirmava que utilizamos os arquétipos de maneira inconsciente para organizar e compreender nossas próprias experiências. Os arquétipos, segundo ele, são, portanto, memórias das experiências dos nossos primeiros ancestrais que atuam dentro da psique, onde os utilizamos de forma inconsciente para compreender nossas vidas e nossas experiências pessoais. Com isso, poderemos enfim preencher lacunas de nossas vidas pessoais, enquanto descobrimos mais dessa subestrutura que habita o inconsciente humano e que nos traz compreensão de nossas vivências.

Podemos também entender que o uso inconsciente dos arquétipos é o que chamamos popularmente de instinto. Para ele, são padrões herdados de comportamentos e de emoções que nos dão condições de reconhecer conjuntos comportamentais e emocionais como um padrão único e pleno de sentido.

Basicamente, a psique, segundo Jung, é formada por três elementos: o ego, o inconsciente pessoal e o inconsciente coletivo. O primeiro representa o self, ou seja, a mente consciente. O segundo guardaria em si as memórias pessoais, inclusive aquelas suprimidas e, o terceiro, por fim, seria o componente que abriga os arquétipos.

Apesar de os arquétipos poderem ser associados a diferentes tipos de padrões comportamentais e emocionais, alguns são muito mais fáceis de reconhecer e identificar, como o caso de A Deusa, O Herói, A Grande Mãe ou mesmo O Velho Sábio. Mas, segundo Jung, um dos arquétipos de maior importância seria a Persona, pois representa o self que apresentamos ao mundo, como os outros nos veem, nossa imagem pública, já que ele teria constatado que os seres humanos tendem a dividir suas personalidades em componentes e apresentar apenas os que forem mais convenientes conforme a situação vivida.

O self teria, ainda, partes femininas e partes masculinas, mas seria moldado pela sociedade e pela biologia a ser totalmente masculino ou totalmente feminino. Portanto, quando finalmente nos tornamos inteiramente homens ou mulheres, estaríamos abrindo mão de metade de todo nosso potencial, que poderia apenas ser acessado por meio dos arquétipos – sobre as personalidades arquetípicas masculinas e femininas, veremos mais adiante.

Philipp Wilhelm Adolf Bastian (1826-1905), etnólogo alemão que desenvolveu a teoria do *Elementargedanke* e propiciou o desenvolvimento da psicologia analítica de Jung, entendia os arquétipos como pensamentos repetidamente vistos em culturas tribais e povos. Para comprovar que os arquétipos moldam os relacionamentos, Jung conheceu povos nativos da América e África.

Na Psicologia Analítica, arquétipo é a forma imaterial à qual os fenômenos psíquicos tendem a se moldar, estruturas inatas que servem de matriz para a expressão e desenvolvimento da psique. Ao estudar os mitos gregos, Jung encontrou o amor, a agressividade, a transformação, a religiosidade – tudo aquilo que o humano traz consigo em predisposições dos seus ancestrais mais distantes e inconscientemente repete de acordo com os mitos e símbolos atualizados ao seu tempo. Assim, o inconsciente fala com o homem por meio da linguagem simbólica – o ponto de partida para os estudos sobre os sonhos de Freud e Jung.

Exemplificando: ao estudar os fenômenos paranormais, Jung encontrou o arquétipo dos videntes no personagem mitológico Hermes. Seguindo o mesmo raciocínio, quando encontramos uma mulher vaidosa, sedutora e em um relacionamento não duradouro por culpa do homem, estamos diante da versão atual e inconsciente de uma deusa Afrodite.

Nesse contexto, a Psicologia Analítica sugere que devemos desenvolver todas as qualidades oferecidas pelos nossos deuses e deusas, não sendo aconselhável a reprodução de um único arquétipo em detrimento da riqueza inconsciente que carregamos.

Os psicoterapeutas que utilizam em seus consultórios a psicologia analítica, os discípulos atuantes de Jung, oferecem ao paciente um procedimento dialético, uma troca bilateral, paciente e profissional são duas pessoas igualmente envolvidas. Os freudianos clássicos ficam sentados em silêncio atrás do divã, manifestando de vez em quando interpretações e intervenções, totalmente à parte da angústia e dos sofrimentos do paciente.

Seguindo o mestre, os psicoterapeutas junguianos utilizam a cordialidade, a ternura, a cortesia e demonstram sua falibilidade aos seus pacientes. Nunca os pacientes de Jung foram tratados como doentes inferiores. Para Jung, só o médico ferido pode curar, e ainda afirmava que muitas vezes nós não sabemos e não seria bom se soubéssemos, pois é extremamente valioso para o paciente descobrir as respostas por si mesmo.

Jung ensinava: "Aprenda teorias, depois, quando o paciente entrar pela porta, esqueça-as".

O escritor, filósofo e psicólogo Robert Anton Wilson afirma que Jung mostrou que os arquétipos não são oriundos de mundos exteriores, espirituais e metafísicos, mas sim frutos de uma redução mínima para a qual retorna todo o organismo, incluindo o ser humano e sua mente racional e criativa. Os deuses não eram algo posterior ao mundo, mas algo anterior ao corpo e ainda presente nele. "Conhece a ti mesmo e conhecerás o teu Senhor", ensinou o islamismo, enquanto a tradição cristã apregoava "O Reino dos Céus está dentro de Você".

As pesquisas de Jung sobre arquétipos relacionando-os com a mitologia tornaram-se pontos de partida para um sem-fim de estudos que, ainda hoje, são realizados para compreensão e entendimento da raça humana.

Jung não discordava de Freud quanto à importância que a experiência pessoal tinha no desenvolvimento dos indivíduos, mas acreditava que esse desenvolvimento não ocorreria em uma personalidade não estruturada, ou seja, segundo seus estudos, o objetivo da experiência pessoal era o de desenvolver o que já estava lá, ou seja, ativar o potencial arquetípico já presente no Si-mesmo.

A forma como Jung concebia o funcionamento dos arquétipos nos seres humanos era extremamente interessante. Ele dizia que o arquétipo não era uma "ideia herdada", mas sim um "modo herdado de funcionamento, que corresponde ao modo inato pelo qual um pintinho surge do ovo, o passarinho constrói seu ninho, um certo tipo de vespa pica o gânglio motor da lagarta e as enguias encontram o caminho para as Bermudas. Em outras palavras, é um 'padrão de comportamento'. Esse aspecto do arquétipo é puramente biológico, o interesse peculiar da psicologia científica"; segundo descreve Stevens.

Jung, portanto, tratava tudo isso como algo natural que já estaria dentro de todos nós, o modo herdado de comportamento – similar ao instinto que temos e ao jeito como nos comportamos independentemente de nossa cultura ou doutrina. Vem de dentro.

Segundo ele:

> "Quer ele os entenda ou não, o homem deve permanecer consciente do mundo dos arquétipos, porque nele o homem ainda é parte da natureza e está conectado com suas próprias raízes. Uma visão do mundo ou da ordem social que desliga o homem das imagens primordiais da vida não só não é cultura, mas, em grau crescente, é uma prisão ou um estábulo".

Outras disciplinas, em diversas partes do mundo, obtiveram semelhantes conclusões às de Jung, ainda que não tenham citado o famoso psicanalista. Por exemplo, Claude Lévi-Strauss e a escola francesa de antropologia estrutural afirmam que as infraestruturas inconscientes são responsáveis pelos costumes e instituições humanas. Isso nos remete a quem?

Ou seja, esse é apenas um exemplo dentre outros que demonstram que é uma área a ser analisada. Agora, se com o passar dos anos os estudiosos continuam chegando a conclusões semelhantes às de uma pesquisa antiga de Jung, isso nos faz acreditar que sua teoria é, sim, importante ao desenvolvimento humano e que, talvez, não tenha sido recebida tão bem anteriormente devido à época em que foi proposta ou na forma como foi publicada – sua primeira exposição foi realmente complexa, fazendo somente com que os mais entendidos de Psicologia pudessem compreendê-la. Importante mesmo, acima de tudo isso, é sabermos a relevância que as teses de Jung têm para a realização dos estudos sobre o comportamento e a psique humana.

CAPÍTULO 9
O ESTUDO DOS SONHOS

Baseado na observação de seus pacientes e, também, em suas próprias experiências, Jung pôde analisar os sonhos e sua simbolização.

A infinda busca pelo equilíbrio pode fazer com que personagens arquetípicas possam interagir nos sonhos em situações bastante conflitantes, buscando apresentar conteúdos do inconsciente ao consciente. Portanto, ele exemplifica que uma pessoa que carregue em si atitudes masculinizadas pode, eventualmente, sonhar com figuras feminizadas, cujo entendimento se dá que a pessoa sonhadora possa ter uma necessidade de mudança de atitude, mais uma vez, em busca do equilíbrio interior.

Conforme vimos anteriormente, segundo Jung, desenvolvemos arquétipos masculinos e femininos, tendo em vista que nosso potencial é composto por ambos os componentes. Eles, no entanto, acabam moldados pela sociedade ou mesmo pela Biologia, livrando nossa outra parte, que ainda pode ser acessada por meio dos arquétipos. É desta forma que encontramos nos sonhos as personagens: Anima, Animus e Sombra.

Anima é o componente feminino da personalidade masculina, a "outra parte" que foi suprimida quando nos tornamos homens ou mulheres. Culturalmente, é representada como a virgem sedutora, a ninfa da floresta, uma sereia, a mulher espontânea, cuidadora e intuitiva. Antigamente, a figura da Anima era expressa como uma deusa ou como uma bruxa, ambos aspectos do feminino que estavam completamente fora do controle dos homens. A importância da mulher na vida do homem pode ser ampliada quando ele projeta em uma mulher de carne e osso o aspecto feminino interno de sua psique. Em si, ela, nem justificaria suas reações tão apaixonadas ou entusiasmadas, mas se tornaria o alvo hospedeiro de sua Anima interior.

Um exemplo é o fato de que a perda de um relacionamento pode ser tão devastador para alguns homens, pois se reflete na perda de parte dele mesmo que estava projetada em algo externo. Segundo Jung:

> "Com o arquétipo da Anima, entramos no reinado dos deuses...Tudo o que a Anima toca torna-se luminoso – incondicional, perigoso, tabu, mágico. Ela é a serpente no paraíso do homem inofensivo, com boas resoluções e intenções ainda melhores. Ela fornece os argumentos mais convincentes para não lidar com o inconsciente, pois isso destruiria as inibições morais e desencadearia forças que seria melhor permanecerem inconscientes e não perturbadas".

A Anima, de certa forma, reflete o desprendimento de ideias racionais de como a vida deve ser literalmente vivida – ou como deve-se abraçar as "loucuras" da vida.

Animus, por sua vez, é o componente masculino da personalidade feminina e é representado culturalmente como o "homem real", cheio de músculos, um líder de equipe, romântico, sedutor, mas de sangue-frio.

A existência dos arquétipos em nosso inconsciente poderia, inclusive, afetar nosso humor por meio de muita racionalidade, por parte do Animus ou por meio de declarações proféticas por parte da Anima, por exemplo.

No entanto, Jung classificou ainda outro arquétipo que teria suma importância no desenvolvimento humano. A Sombra é a força que se alimenta dos aspectos não aceitos de nossa personalidade. É a oposição à Persona, simbolizando todos os aspectos secretos, reprimidos e vergonhosos de nosso caráter. E, apesar de ser o nosso lado "ruim", não necessariamente precisa ser negativo, pois pode representar partes de nossa personalidade que optamos por esconder por serem inaceitáveis em determinadas situações que eventualmente acabamos vivenciando. Na Bíblia, por exemplo, a Sombra é simbolizada pelo Diabo, e na literatura, podemos citar o Médico e o Monstro (Dr. Jekyll e Mr. Hyde).

Algumas obras cinematográficas famosas razoavelmente recentes abordam a questão da Sombra presente em suas personagens, como o popular *Homem-Aranha* 3 (2007), que fecha a trilogia proposta com o ator Tobey Maguire como o herói Peter Parker.

O Homem-Aranha finalmente tem seu reconhecimento como herói de sua cidade, no entanto, sua fama começa a mudar sua personalidade, fazendo com que o público perceba o crescimento do ego da personagem que culmina com o momento em que ele se torna "hospedeiro" de um simbionte e torna-se o Homem-Aranha negro. A partir desse momento vemos o lado sombrio do herói destruir suas relações e sufocar as características que tanto amamos nele.

Outra obra popular é o filme *O Cisne Negro* (2011), que conta com a espetacular atuação da vencedora do Oscar de melhor atriz por esse papel, Natalie Portman, como a personagem principal, Nina Sayers, uma bailarina que busca conseguir o papel principal na nova temporada de O Lago dos Cisnes.

A bailarina ideal deve ser capaz de interpretar tanto o Cisne Branco, que representa a inocência e graça, quanto o Cisne Negro, que representa a sexualidade, a malícia. No filme, podemos ver a luta de Nina para despertar em si as características do Cisne Negro e como esse despertar da Sombra a domina, causando uma profunda confusão psíquica que faz com que o telespectador, assim como a personagem principal, não saiba mais distinguir a realidade do que acontece apenas na mente da personagem.

Assim como com o popular *Homem-Aranha 3*, com *O Cisne Negro* também não entrarei em detalhes, pois considero que ninguém gosta de um *spoiler*, não é mesmo? Portanto, se quiser saber mais, recomendo assistir aos dois filmes com esse novo olhar que poderá ser muito agradável e revelador.

Nesta situação, Jung descreveu que quando negamos nossa Sombra, a quem ele também se refere como "vilã", inevitavelmente faremos projeções, provocando enormes movimentos de energia em que despertaremos passionalidade em todas as partes envolvidas.

No entanto, é importante salientar que ele categoriza a Sombra em dois tipos de projeção: a projeção positiva e a projeção negativa. Ou seja, a pessoa pode ficar fascinada pelo outro tentando possuí-lo ou destruí-lo doentiamente – para se ter amor ou ódio dependerá da influência que o conteúdo projetado provoque no projetor.

Em *O Livro da Psicologia*, os autores descrevem o arquétipo que, segundo Jung, seria o mais importante de todos:

> "De todos os arquétipos, o mais importante é o Verdadeiro Self. É um arquétipo central, organizador, que tenta harmonizar todos os outros aspectos para formar um self unificado, inteiriço. O verdadeiro objetivo da existência humana, para Jung, é atingir um estado psicológico avançado, esclarecido, que ele denomina de "autorrealização", e o caminho para alcançá-la passa pelo arquétipo do Verdadeiro Self. Quando inteiramente compreendido, esse arquétipo é fonte de sabedoria e verdade, capaz de conectar o self ao espiritual. Jung asseverava que a autorrealização não surge de maneira automática, é preciso buscá-la conscientemente".

Ao longo de sua vida, Jung experimentou sonhos periódicos e visões com notáveis características mitológicas e religiosas, os quais despertaram o seu interesse por mitos, sonhos e a psicologia da religião. Ao lado dessas experiências, certos fenômenos parapsicológicos emergiam sempre para lhe redobrar o espanto e o questionamento.

Para interpretar os sonhos é necessário também saber de qual forma a protagonista lida com as Sombras, as Adversidades, a Autoridade e a Oposição de ideias. Jung ainda classificou os sonhos como comuns ou arquetípicos, dos quais os últimos seriam carregados de grande poder revelador para quem os sonha.

Os sonhos são cargas emocionais armazenadas no inconsciente que projetam imagens e sons. De acordo com Freud, sabemos que os objetos nos sonhos são derivados de cargas emocionais e podemos por meio deles chegar à raiz. Sendo estudados corretamente, pode-se conhecer o momento psicológico do indivíduo.

Fazendo uma analogia, poderíamos pensar em um espécie de "fotografia" do inconsciente naquele momento. Por isso, o sonho sempre demonstra aspectos da vida emocional, por meio de uma linguagem denominada, também por Freud, de símbolos. Para entender os conteúdos dos sonhos, temos que reconhecer o que os símbolos representam para o protagonista.

Para Konstantin Sergeievich Alekseiev, mais conhecido por Constantin Stanislavski, ator, diretor, pedagogo e escritor russo de grande destaque entre os séculos XIX e XX, a simbologia dos sonhos não só está dada pelo contato que o criador do sonho teve com o objeto, mas também com o caráter, ou seja, a forma que ele relaciona sentimentalmente esse objeto às coisas de sua vida.

O mar pode apresentar distintas simbologias, conforme a época, variando de pessoa a pessoa. Para algumas pessoas, o mar pode significar destruição, enquanto para outras pode significar invasão, pois a água pode significar algo ou alguém invadindo o território do protagonista. Para Freud, o que a pessoa sente quanto ao objeto ou situação é fundamental para a interpretação de um sonho.

Segundo Jung, o inconsciente pessoal consiste fundamentalmente de material reprimido e de complexos, ao passo que o inconsciente coletivo é composto fundamentalmente de uma tendência para sensibilizar-se com certas imagens, ou melhor, símbolos, que constelam sentimentos profundos de apelo universal: os arquétipos.

Ao contrário de Freud, que publicou o livro *A interpretação dos Sonhos*, dando caráter científico à matéria e entendendo que o conteúdo do sonho é a realização de um desejo, as situações absurdas dos sonhos para Jung não seriam uma fachada, mas sim a forma própria de o inconsciente se expressar, uma ferramenta da psique que busca o equilíbrio por meio da compensação.

No enredo do sonho encontramos dois sentidos: o sentido manifesto (a fachada) e o sentido latente (o significado), este último realmente importante. A fachada seria um despiste do superego (o censor da psique, que escolhe o que se torna consciente ou não dos conteúdos inconscientes), enquanto o sentido latente, por meio da interpretação simbólica, revelaria o desejo do sonhador por trás dos aparentes absurdos da narrativa.

Jung, é possível dizer, tornou mais abrangente o papel dos sonhos, que não seriam apenas reveladores de desejos ocultos.

Waldemar Magaldi, fundador do Instituto Junguiano de Ensino e Pesquisa (IJEP), ensina que os sonhos sempre foram seus guias, desde a mais tenra idade até a vida cotidiana, passando por suas escolhas, medos e incompletudes. Pela própria autoanálise, ele constatou que os sonhos contêm imagens e associações de pensamentos que não criamos por meio da intenção consciente – eles aparecem de modo espontâneo, sem nossa intervenção e revelam uma atividade psíquica alheia à nossa vontade arbitrária.

Na psicoterapia de orientação junguiana, o sonho é o porta-voz do inconsciente e tem a função de revelar os segredos que a consciência desconhece, indicando as tendências básicas do processo psíquico. Muitas terapias psicanalíticas usam os sonhos, inclusive, como a estrada real para o conhecimento da mente.

A Psicologia Analítica também defende a teoria de que os sonhos são os deuses disfarçados em suas inúmeras faces. Eles habitam o mundo das trevas onde existem leis próprias e totalmente diferentes das do mundo da luz que é o ego. Por essa razão, não poderemos trabalhar os sonhos com a lógica do ego, e sim com a falta de lógica da alma.

Ou seja, os sonhos seriam o diálogo entre o self consciente e o ego e o inconsciente coletivo. Os arquétipos atuam como símbolos intermediando e, de certa forma, facilitando o diálogo.

Em O *Livro da Psicologia*, os autores exemplificam alguns arquétipos comuns e seus significados nos sonhos:

> "Por exemplo, o arquétipo do Velho Sábio ou da Velha Sábia pode ser representado no sonho pela figura de um líder espiritual, pai, professor ou médico – indica aqueles que oferecem conselho, orientação e sabedoria. A Grande Mãe, arquétipo que pode aparecer como a mãe ou avó de quem sonha, representa a criadora. Ela oferece confiança, cuidado e reconhecimento. A Criança Divina, arquétipo representante do Verdadeiro Self em sua forma mais pura, simboliza inocência e vulnerabilidade e aparece nos sonhos como um bebê ou criança, sugerindo receptividade e potencial. E para que o ego não se torne grande demais, é vigiado pela figura do Trapaceiro, um arquétipo brincalhão que expõe a vulnerabilidade de quem sonha e prega peças para evitar que o indivíduo leve a si mesmo e a seus desejos muito a sério. O Trapaceiro também se manifesta como o semideus nórdico Loki, o deus grego Pan, a aranha divina africana Anansi ou como um simples mágico ou palhaço".

Os arquétipos abrigam o inconsciente, e por esse motivo estão presentes na mente antes mesmo do pensamento consciente, portanto, são corresponsáveis pela nossa percepção das experiências. Muito do que consideramos ser um pensamento consciente, na verdade, foi orientado pela atividade inconsciente. Já dizia Jung: "É entendendo o inconsciente que nos livramos de seu domínio".

Tom Butler-Bowdon, em *50 Grandes Mestres da Psicologia*, tece excelentes comentários sobre a psicologia analítica de Jung diante da "ameaça" da modernidade e seu posicionamento já bastante explícito:

> "A modernidade não acaba com a necessidade de respondermos a nossas mentes inconscientes. Se negligenciarmos este lado de nós mesmos, os arquétipos simplesmente procurarão por novas formas de expressão e, no processo, sabotarão nossos planos cuidadosamente traçados. [...] podemos cair em uma emboscada por falta de autoconhecimento. [...] Sobre a mentalidade científica em geral, Jung escreveu: 'O céu se tornou para nós o espaço cósmico dos cientistas... Mas o coração pulsa, e uma agitação secreta atormenta as raízes de nosso ser'. Homens e mulheres modernos vivem com um vazio espiritual que já foi facilmente preenchido pela religião ou mitologia. Somente um novo tipo de psicologia, que realmente reconhecia a profundidade da psique, seria capaz de vencer essa agitação secreta".

Jung dizia que por dentro ainda somos todos primitivos, o que nos faz refletir sobre até que ponto nos consideramos civilizados – apenas pelo advento da tecnologia e do conhecimento que achamos ter.

Em um mundo imenso como o nosso, de tantas áreas ainda não exploradas, de tantas culturas e civilizações extintas e com tanto a aprender sobre o externo, não podemos esquecer que a mudança ocorre de dentro para fora.

Nesse sentido, a Psicologia pode nos fornecer as ferramentas necessárias para entender melhor a psique humana e facilitar esse processo essencial, que ainda precisa ser mais trabalhado.

CAPÍTULO 10
AS ETAPAS DA VIDA HUMANA

Em seu ensaio "A Natureza da Psique", Carl Jung trata dos problemas das etapas da vida do homem, traçando um quadro de sua vida psíquica, desde o nascimento até a morte.

Partindo do pressuposto da complexidade sobre o assunto, Jung buscou trabalhar com base nas ideias de que a vida psíquica do homem civilizado não segue um padrão, não é igual e comum a todos, mas cheia de problemas – tendo em vista que a maior parte de nossos processos psíquicos é constituída de reflexões, dúvidas ou mesmo de experimentos.

Jung atribuiu ao crescimento da consciência a existência dos problemas, segundo ele mesmo disse, "o presente grego da civilização". A criação da consciência se daria pelo afastamento do homem em relação aos instintos e sua oposição a eles.

Instinto é natureza, e consciência é civilização. Para ele, tudo aquilo em nós que está conectado de alguma forma à natureza tem pavor dos problemas, pois dos problemas surgem dúvidas e das dúvidas as incertezas dos caminhos a seguir, gerando medo do que fazer, como continuar prosseguindo.

Contudo, a verdade é que a consciência busca fazer tudo aquilo que a natureza já fazia em nosso favor, como por meio do instinto tomar decisões mais seguras. Porém, sob o holofote do temor humano de que a consciência não atinja sua finalidade, pode ser que ela deixe a desejar em relação ao instinto, como poderemos ver um pouco mais à frente.

A cada problema que enfrentamos vemos a possibilidade de ampliar a consciência, mas também encontramos a necessidade de nos afastarmos mais da confiança inconsciente na natureza.

Creio que ninguém goste, conscientemente, de encarar seus problemas, por vezes até mesmo negando sua existência. Buscamos levar uma vida tranquila, segura, em que a existência de um problema se torna um tabu. Toda vez que surge um problema, com ele surge uma dúvida e, no geral, preferimos as certezas, que nos trazem segurança.

Lidar com os problemas constantemente nos leva a caminhos obscuros e indeterminados, mas para alcançarmos os resultados esperados, precisamos atravessar a obscuridade. Para isso, devemos empregar todo o potencial de luz que vem com a consciência dos fatos e de nós mesmos.

Jung relacionou o fato de o homem ter problemas ao fato de ser consciente, em contrapartida aos animais que não os tem. Nem problemas e nem consciência. Sem consciência não existem problemas. Portanto, preferiu abordar a situação por outra perspectiva, ou seja, como surgiu a consciência nos homens – mas não nos primeiros homens, e sim como ocorre o despertar da consciência nas crianças.

Depois de muitos estudos, Jung afirmou que os próprios pais conseguem perceber o despertar da consciência nas crianças com um olhar um pouco mais atento. Segundo ele, a consciência se faz presente no momento em que percebemos que a criança consegue reconhecer alguém ou alguma coisa, ou seja, quando ela consegue ter conhecimento de algo.

Segundo Jung, o conhecimento "se baseia nos nexos dos vários conteúdos psíquicos entre si", ou seja, não podemos conhecer absolutamente nenhum conteúdo que não esteja conectado a algum outro. Neste nível, a consciência está completamente ligada à percepção de algumas dessas conexões, tornando-se esporádica e cujo conteúdo não é lembrado futuramente.

Afinal, sabemos que não existe memória contínua nos primeiros anos de vida, existem no máximo "ilhas de consciência" que funcionam como luzes isoladas em um quarto escuro. No entanto, essas ilhas possuem conteúdos que pertencem ao ego do sujeito. Isso está relacionado ao fato de que as crianças, quando começam a falar, referem-se a si mesmas na terceira pessoa, até que os conteúdos do eu adquirem mais força e desenvolvem o sentimento da egoicidade. Seria nesse momento que iniciaria o estágio de "continuidade da memória", ou seja, a continuidade do eu.

Durante o estágio infantil da consciência, a criança não encontra problemas, pois depende inteiramente de seus pais, como se ainda não tivesse nascido por completo, pois vive ainda na atmosfera dos seus progenitores.

O chamado "nascimento psíquico" ocorre apenas na puberdade, quando surge a sexualidade, a diferenciação consciente dos pais e as manifestações típicas nos corpos dos adolescentes. Até esse momento, a vida psicológica da pessoa segue basicamente os instintos e não encontrou reais problemas, mesmo nos casos em que ocorrem limitações externas que se contrapõem aos impulsos do eu, pois essas limitações não causam a cisão interior do próprio indivíduo.

Resumidamente, pudemos acompanhar que, segundo Jung, a primeira forma de consciência vive uma espécie de estado anárquico. A segunda forma de consciência, com o complexo do eu desenvolvido, encontra-se em uma fase monárquica. A terceira forma de consciência apresenta uma nova forma, a consciência de um estado em dualidade.

Tendo em vista que nessa concepção abordada por Jung, as fases que antecedem a puberdade não enfrentam problemas por não viverem a consciência, não desenvolvendo problemas pessoais.

O indivíduo, ao entrar nessa fase da vida, enfrenta muitos problemas (na maioria dos casos) oriundos das exigências da sociedade, que acabam interrompendo os sonhos que carregava consigo já havia algum tempo. Os problemas podem surgir por falta de preparo no ingresso ao mundo profissional e à escolha de uma profissão que satisfaça seu âmago. Podem surgir também da dificuldade em abrir mão das ilusões que batem de frente com a realidade vivida. Expectativas exageradas, atitudes negativas ou excesso de otimismo podem ser alguns pressupostos que causam problemas conscientes.

Em outros casos, as dificuldades psíquicas internas existentes se manifestam ainda que o externo esteja ocorrendo conforme o planejado. Dificuldades em lidar com os instintos sexuais, sentimentos de inferioridade, dentre outros, podem gerar esses conflitos.

Independentemente dos fatores que causam os problemas dessa fase, há certa peculiaridade nas características de todos os problemas desta fase da vida: a resistência em "amadurecer", a vontade de permanecer criança, algo dentro de cada um de nós quer permanecer inconsciente, ou na melhor das hipóteses, consciente apenas do seu próprio ego, rejeitando tudo aquilo que lhe é estranho, satisfazendo apenas seu próprio prazer.

Essa persistência em permanecer no estágio anterior é um reflexo do egoísmo cuja consciência tem menor alcance para não adentrarmos na fase dualista, pois, conforme vimos, é nela que o indivíduo se vê diante da necessidade de aceitar o que é diferente e estranho como uma espécie de ego. É a resistência contra a ampliação dos horizontes de nossa própria vida.

Uma forma de resolver esses problemas seria simplesmente adaptando tudo aquilo que nos foi dado pelo passado às possibilidades e exigências de nosso futuro. Ou seja: nos limitar ao que é possível alcançar, renunciando às possibilidades psíquicas, de um jeito que perderíamos uma parte preciosa de nosso passado e uma parte preciosa de nosso futuro.

Ele exemplifica essa situação com os típicos casos de jovens promissores com quem cada um de nós conviveu no passado, que eram cheios de potencialidades, mas que quando reencontramos no futuro não atingiram as expectativas, muito pelo contrário, parece que cresceram espremidos em moldes extremamente estreitos que os impossibilitaram de se expandir.

Todavia, os grandes problemas encontrados em nossa vida não são resolvidos em definitivo. As soluções aos problemas apresentados na juventude – como encontrar um lugar na sociedade e alterar a originalidade de sua natureza para que ela se adapte a essa forma de existência – não são fáceis, pois ocorre tanto por fora quanto por dentro e, em muitos casos, correspondem a um investimento energético enorme, talvez imensurável à nossa capacidade avaliativa, pois ocorre na obscuridade.

Outro fator extremamente interessante foi baseado em estudos da época, que demonstraram que, estatisticamente, os homens sofriam de depressões mentais mais comumente na faixa dos quarenta anos, enquanto as mulheres começariam um pouco mais cedo. Em alguns casos ocorreram como uma mudança lenta no caráter da pessoa, mas em outras vezes alguns traços da infância, antes desaparecidos, voltaram à tona e, em outras vezes, mudanças nos interesses habituais foram comuns.

Muito comumente também, mas por volta dos cinquenta anos, os princípios e algumas convicções que vinham norteando a vida desses indivíduos começaram a se enrijecer, tornando-se fanatismo e intolerância, por receio de que esses princípios pudessem de alguma forma estar ameaçados, fazendo necessário enfatizá-los.

Como citamos, os distúrbios neuróticos mais frequentes na idade adulta têm como fator comum o fato de o indivíduo buscar prolongar a psicologia da fase juvenil. Vemos muitas pessoas de idade mais avançada que chegam a "forçar" situações em que possam comentar situações vividas nos tempos de estudante para se sentirem mais vivas e ativas. Mas são pessoas comuns, que, provavelmente, se sentem entediadas com a vida que levam, não chegando a ser consideradas neuróticas por causa disso.

Os neuróticos são pessoas completamente insatisfeitas com as coisas no momento presente. Nada nunca é bom o bastante, o que faz com que não consigam estar satisfeitos com o passado também. Eles têm pavor da velhice, e a perspectiva do futuro lhes aterroriza, como se o que lhes aguarda fossem tarefas desconhecidas, perigosas e além de sua capacidade, fazendo com que se sintam ameaçados por fatores que eles nem conhecem, mas sentem que não terão condições de assumir.

Carl Jung não acreditava que isso fosse um reflexo do medo da morte, mas sim de uma transição interior, nas profundezas da alma. Ele resume essa experiência de ascensão e reclusão com um aforismo francês: *Si jeunesse savait, si vieillesse pouvait* ("Se a juventude soubesse, se a velhice pudesse").

Jung observa ainda que, nesta fase da vida, os papéis sociais do masculino e do feminino, mais fortes ainda em sua época, podem se inverter. Os homens acabam podendo abandonar seus negócios por volta dos quarenta e cinco e cinquenta anos, enquanto as mulheres "vestem as calças" e abrem pequenas lojas, nas quais, inclusive, os homens acabam exercendo funções de empregados. Um colapso que faz com que as mulheres exerçam funções até então masculinas e os homens fiquem mais feminizados. Essas mudanças também podem causar desastres matrimoniais, pois ocorrem em um período em que os homens descobrem seu lado mais emotivo e as mulheres reascendem sua inteligência.

Esta seria a melhor fase para se preocupar consigo mesmo, tendo ciência de que a vida não está em ascensão e nem em expansão, mas em um processo interior que produz uma contração da vida. Não é o melhor momento para ser um amante do passado ou para desenvolver hipocondria, mas sim, um excelente momento para permitir iluminar-se por dentro, recolher sua luz que sempre iluminou o mundo e as pessoas à sua volta, iluminando-se a si mesmo.

Jung aproveita para fazer uma reflexão sobre a ascendência das religiões que prometem uma vida após a morte, o que definitivamente cativa os indivíduos que entram nessa etapa da vida, trazendo a esperança de continuidade, de que a velhice não significa um término, mas apenas mais um estágio. Ele reforça a importância de uma vida orientada para um objetivo em geral, de como é mais saudável e rica do que uma vida sem objetivo algum:

> "O velho que for incapaz de se separar da vida é tão fraco e tão doentio quanto o jovem que não é capaz de construí-la [...] do ponto de vista da psiquiatria, seria aconselhável que só pudéssemos pensar na morte como uma transição, como parte de um processo vital cuja extensão e duração escapam inteiramente ao nosso conhecimento".

As reflexões encontradas neste capítulo tão rico desta obra de Jung servem não só como análise da dinâmica do inconsciente, como também para uma reflexão interior de cada um de nós. Uma forma de compreensão de nós mesmos e daqueles que nos cercam. Um olhar mais terno e atento às necessidades e características e, sobretudo, a cada uma das etapas descritas pelo psiquiatra.

CAPÍTULO 11
AS PRINCIPAIS CONTRIBUIÇÕES DE JUNG PARA A PRÁTICA DA PSICOTERAPIA

Carl Gustav Jung foi um inovador. Após conhecer Sigmund Freud e aplicar seu método, Jung optou por fazer as adaptações que considerava necessárias para o melhor desenvolvimento da prática da psicoterapia, garantindo uma enorme contribuição aos entendimentos da psique humana: sua abordagem à doença mental, sua atitude diante dos pacientes, sua abordagem para o tratamento e suas visões sobre o real papel a ser exercido pelo terapeuta.

Aprofundaremos a seguir um pouco mais sobre cada uma dessas características tão presentes nos psicanalistas junguianos.

11.1. DOENÇA MENTAL

Jung inovou com sua abordagem à doença mental e se distanciou cada vez mais das abordagens freudianas, utilizando sua ampla experiência para buscar estudos mais completos sobre mitos e religiões. Ele buscava, principalmente, encontrar o que chamava de verdades universais, que seriam iguais a todos os seres humanos, independentemente das características pessoais que teimamos em utilizar para nos separar dos demais.

Desde o início, ele acreditava que era importante ouvir os pacientes, independentemente do grau de (in) sanidade deles, pois os doentes, para ele, carregavam uma história desconhecida e não contada, mas que definitivamente seriam a chave para o despertar dos sintomas que estavam presentes. Jung acreditava que os médicos deveriam fazer perguntas que fossem abrangentes à totalidade dos seres humanos, e não apenas aos sintomas presentes.

Ele tinha suas próprias impressões sobre as psicoses e neuroses como expressões extremas de atitudes, como a introversão extrema que causava um retraimento da libido, e a extroversão extrema que causava uma preocupação exagerada com sua própria influência social no mundo.

No caso das neuroses, era enfatizado que elas são causadas pela incapacidade do indivíduo em enfrentar as circunstâncias da vida contemporânea, podendo, portanto, ocorrer em qualquer fase do ciclo de vida, funcionando como um gatilho de resposta a eventos exteriores, quebras de rotinas, como iniciar em uma nova escola ou em um novo trabalho, como a perda de um ente querido, como casar-se ou mesmo ao descobrir que será pai ou mãe. Ou seja, a neurose seria um reflexo do medo do indivíduo em enfrentar algum evento novo e "desafiador".

O respeito com o qual Jung tratava os sintomas de seus pacientes era notório. Ele nunca considerou que qualquer sintoma pudesse ser sofrimento fútil, mas sim, uma dor crescente, na alma, tentando lutar contra todo o medo para finalmente poder crescer. Isso dava destaque em sua relação com os pacientes e trazia uma sensação maior de confiança mútua. Segundo ele dizia, a neurose, na verdade, trata-se de um sofrimento de uma alma que ainda não encontrou seu significado.

11.2. A RELAÇÃO COM OS PACIENTES

Jung era assumidamente um ser humano bem-humorado, gentil e cordial com seus pacientes. Novamente, o respeito com que ele tratava não apenas o paciente em si, mas seus medos e sofrimentos, dava destaque ao seu método. Quando um paciente chegava pela primeira vez ao seu consultório, ele o considerava apenas mais uma pessoa normal que estava em apuros. Ele tratava os pacientes, na verdade, como seres humanos, e não apenas como pacientes.

Essa forma de tratamento era notável, e seus pacientes se admiravam pela forma como ele se envolvia nos processos, nos casos..., e jamais ficava indiferente ao sofrimento alheio, sempre no campo de visão dos pacientes, olhando-os como iguais e jamais com superioridade.

Jung era uma pessoa "real" que enxergava os pacientes como seres humanos únicos e especiais. Como ele mesmo dizia: "Aprenda as teorias e quando seu paciente entrar pela porta, esqueça-as".

Diziam que ele estava sempre presente nas consultas, não apenas fisicamente, mas em espírito. Ele demonstrava interesse e era claro que ele buscava aprender cada vez mais com cada um de seus pacientes, valorizando o fato de não saber todas as respostas e considerando ser extremamente valioso para o paciente descobri-las por si mesmo.

11.3. TRATAMENTO SEGUNDO A ÓTICA JUNGUIANA

Diferentemente da abordagem da psiquiatria convencional, em que o psiquiatra busca diminuir o sofrimento do paciente por meio da prescrição de remédios controlados e apoio, a ótica junguiana auxilia o paciente a desenvolver a coragem de participar ativamente do próprio sofrimento para compreender seu significado e mobilizar seu inconsciente em busca da cura.

O despertar diante dos próprios problemas traz consigo a oportunidade de crescimento, além do sofrimento vivenciado e da dor sofrida, mas é um processo em que a autoanálise torna-se uma chance de renovação.

Anthony Stevens, na obra intitulada *Jung*, conta um pouco mais sobre a visão junguiana de tratamento, que difere bastante da visão do psiquiatra convencional:

> "Para o junguiano, a doença é uma comunicação simbólica do inconsciente e indica onde o paciente emperrou nos seus esforços de satisfazer as demandas do programa arquetípico da vida. Na clínica psiquiátrica, o paciente passa pelo ritual de consulta, diagnóstico e tratamento, coopera com o psiquiatra para se separar da doença e é encorajado a abdicar da responsabilidade de seu estado e transferi-la para as 'mãos capazes' do médico. O junguiano, por outro lado, trata o paciente como um todo, encorajando-o a aceitar a total responsabilidade pelas circunstâncias e a compreender a doença como uma expressão de sua experiência de vida total. Ele é ensinado a ver os sintomas como oriundos de um modo desequilibrado de existência que, em si, é o resultado de um intento arquetípico frus-

> trado. O tratamento consegue ajudá-lo a se reorganizar e encontrar formas de corrigir sua frustração arquetípica, abandonando a unilateralidade e produzindo um novo equilíbrio entre as forças opostas da personalidade como um todo".

Portanto, fica claro como os pontos de vista diferem e trazem um aspecto especial e de destaque para o trabalho desenvolvido por Carl Jung. Neste caso, é importante deixarmos claro que não há método melhor ou pior. Há, na verdade, métodos distintos, que devem ser levados em consideração tanto pelos pacientes quanto pelos profissionais da área que tratam desse aspecto importantíssimo da vida humana.

Jung também deixou claro que cerca de um terço dos casos atendidos não sofria de nenhuma neurose claramente definida, mas sim da falta de objetivo e de sentido em suas vidas, o que ele chamou de "neurose geral da nossa era", ou seja, para ele, era a perda de contato com religiosidade e o misticismo cultural, reflexo do surgimento das instituições sociais, que acabam por nos alienar de toda nossa natureza arquetípica.

Para ele, o resultado não estava em retornar às igrejas, pois sua experiência lhe fazia crer que as religiões organizadas minavam o espírito. Contudo, ele acreditava que deveríamos abrir nossas mentes por meio de um profundo trabalho psicológico, encontrando no interior do inconsciente a riqueza necessária para nos sentirmos inteiros de novo.

Continuando na busca pelo tratamento mais adequado, Jung percebeu que a maioria dos pacientes considerava difícil assumir a responsabilidade por si mesma e pela doença em si, acabando por transferir a responsabilidade para terceiros ou sendo submissa aos psicanalistas. Para ele, "a terapia só começa quando o paciente vê que quem lhe barra o caminho não é mais pai e mãe, mas sim ele próprio".

Uma das dificuldades é fazer com que o paciente compreenda que a doença não é culpa dele, mas que é ele – e somente ele – que pode descobrir o significado dessa doença e encontrar a cura, tendo o analista como facilitador desse processo.

Esse foi um dos motivos que fizeram Jung optar por banir o uso do divã no consultório e substituí-lo por duas cadeiras que facilitam a mutualidade dialética, com uma dinâmica diferenciada, que permite interrupções consideráveis e uma redução na quantidade de sessões para fortalecer o sentido de responsabilidade nos pacientes.

11.4. O PAPEL A SER EXERCIDO PELO TERAPEUTA

Jung foi procurado por inúmeras pessoas que buscavam exercer o papel de analistas. No entanto, ele somente considerava possível esse caminho àqueles que se submetiam às sessões de análise para conhecerem primeiramente a si próprios antes, ou seja, que colocassem "a casa em ordem" antes de buscarem trabalhar os problemas de outras pessoas. Os analistas deveriam ser analisados não somente durante o período de sua formação, mas sim para o resto de sua vida profissional.

A autoanálise se tornava importante à medida que Jung considerava que a interação entre analista e paciente funcionava como duas substâncias químicas se unindo por afinidade durante uma situação analítica – e essa interação proporcionava a mudança.

Um analista que não praticasse a autoanálise poderia colocar essa relação de interação a perder. O autoconhecimento e a autorreflexão são fatores decisivos para o encaminhamento positivo de uma sessão de análise, em que o analista poderá responder com "a totalidade de seu ser".

CAPÍTULO 12
AS PRINCIPAIS CONTRIBUIÇÕES DE JUNG PARA A EDUCAÇÃO

Ao tratar do tema "educação", se faz necessário abordar outro tema: o "educador". Para que a "educação" ocorra de forma plena, é de extrema importância que a transmissão desse conhecimento seja feita com excelência – é por esse motivo que Jung sempre considerou que o educador não deve jamais se portar como apenas alguém que transmite o conhecimento, mas sim como alguém capaz de influenciar o educando a desenvolver sua personalidade.

O método utilizado durante a educação não é o único fator importante durante o processo, mas também é fundamental para que a criança compreenda que ela pode e deve se desenvolver de forma individual, ainda que inserida em uma educação coletiva.

12.1. TIPOS DE EDUCAÇÃO

Jung citou três tipos distintos de educação em seus estudos: a educação pelo exemplo, a educação individual e a educação coletiva.

É sabido que as crianças iniciam seu aprendizado por meio da imitação. Elas imitam todos que podem ou tudo que de alguma forma lhes serve de exemplo: os pais, irmãos, outros parentes ou mesmo seus professores. Imitam como os outros comem, andam, se comunicam e, sobretudo, o que fazem – mesmo sem distinguir certo ou errado, provavelmente, será imitado sem distinção.

Na educação individual, o educador deverá encontrar o melhor caminho para entender mais seu aluno e descobrir o meio mais eficiente para que ele consiga entender o conteúdo ministrado, tendo por base o tipo psicológico do aluno. Isto servirá como ponto de partida para que ele entenda melhor o conteúdo a ser aprendido e para que o educador compreenda também o que exatamente o aluno não consegue aprender.

A educação coletiva – obviamente – parte do princípio coletivo, ou seja, possui regras, princípios e símbolos que deverão ser aplicados aos grupos de alunos, que deverão compreender sem problemas, pois foram "treinados" para isso. No entanto, o educador não deve nunca esquecer que cada membro do grupo possui características individuais que deverão ser trabalhadas para que sejam capazes de realizar as tarefas por conta própria.

Como vimos anteriormente, a criança tem uma psique extremamente influenciável e dependente. Na verdade, está envolvida na psique de seus pais, vindo a libertar-se apenas quando começa a compreender sua individualidade. Geralmente isto ocorre quando ela começa a referir-se a si mesma como "eu", mas só atingirá relativamente a independência quando estiver na fase da puberdade.

12.2. EDUCANDO COM RESPONSABILIDADE

O envolvimento no ambiente escolar possui relação direta com a sensação obtida em seu próprio lar. Por esse motivo, os colegas de turma substituem seus irmãos, assim como os professores ocupam o papel dos pais. Assim, os educadores são tidos como a referência dos educandos no processo escolar e também possuem responsabilidade na continuidade do processo de desenvolvimento da consciência desse aluno.

Claro que em diversos ambientes escolares, ainda mais no Brasil, essa tarefa é muito difícil, uma vez que as salas de aula comportam às vezes quarenta ou mais alunos e, desta forma, auxiliá-los nesse caminho torna-se uma aventura épica para o professor.

Jung dizia que "o bom exemplo é o melhor método de ensino". Portanto, um professor que é um cidadão correto, saudável e bem resolvido poderá servir de exemplo para seus educandos talvez até com menos esforço, ainda que isso possa apenas desenvolver um processo mais fácil de empatia com com eles — mas sem garantia de sucesso, ainda mais quando sabemos que a individualidade deve se destacar mesmo em uma educação coletiva.

A escola, por sua vez, deve ter um espaço adequado, onde os conteúdos das disciplinas deverão ser ministrados, mas também deverá ser um espaço favorável à educação psíquica, servindo como um passo a mais, um passo além da educação dos pais, um complemento à educação que conduzirá a criança a um mundo mais amplo.

Isso pode ocorrer de forma mais fácil, pois a criança projeta no professor a imagem dos pais, mas pode ser mais difícil quando seu relacionamento em casa, com seus pais, não for saudável e progressivo.

Nesse sentido, Jung reforça a importância da projeção ser vista pelo professor e assumida com responsabilidade, pois é uma consequência natural nas relações humanas, já que a criança não possui senso crítico e por esse motivo é mais vulnerável.

Ao professor, que cumpre esse desafio e segue com essa responsabilidade, há um risco, pois estará assumindo, de certa forma, o papel de pai ou de mãe e, junto com esse papel, assumindo, às vezes, assuntos que não lhe competem, pois recebeu um significado simbólico que foi atribuído por seu aluno e, ao correspondê-lo, entrará no processo psicológico conhecido como contratransferência. Esse processo pode ter efeitos devastadores na relação dos dois e na psique do aluno.

O professor precisa estar atento ao jogo que o aluno criará para ele nesse processo, pois, como dito anteriormente, essa projeção ocorre de forma natural. Quem nunca teve um professor preferido que estivesse sempre acima dos demais em nossa concepção?

Ao corresponder às expectativas do aluno, o professor entra no jogo e assume as projeções que o aluno lhe atribuiu. No entanto, para o aluno, esse é um momento marcante, pois é quando ele encontra uma figura na vida que provavelmente lembrará por um longo tempo e que lhe possibilitará a sensação de segurança e confiança em adentrar em um espaço para expor suas dúvidas, medos, inseguranças e angústias.

Neste momento, o educador serve como uma ponte transitória do estágio de dependência dos pais para a busca por autonomia no mundo externo. A projeção deve se dissolver por si só. Em casos em que isso não ocorre, pode-se desenvolver um estágio de neurose e deve ser observado com bastante cautela e atenção.

Para que esse processo não se torne demasiado pesado para o professor, a escola pode desenvolver uma equipe psicopedagógica que proporcione um espaço de troca de experiências entre os educadores, fazendo com que se sintam apoiados durante o processo.

Podem, também, criar uma ouvidoria para que os estudantes, dentro de determinado horário, possam conversar com os professores destinados a esse fim. Preparados para atendê-los, os mestres conseguirão suprir suas expectativas mais reais.

A abertura de um canal de comunicação entre os professores e os alunos faz com que o papel do educador se amplie e atravesse os muros da escola, tornando-o um agente facilitador da formação da personalidade e da consciência do educando.

Obviamente, não se trata de um processo simples ou mesmo um processo que ocorra por instinto. É necessário que o professor esteja preparado para esse desafio, ou seja, a educação do professor em benefício do aluno. O autoconhecimento e a autoeducação para a transformação de gestos em exemplo. Melhor do que ser um professor que dá ordens, é professor que dá exemplos.

Pedro Goergen e demais autores na obra *Ética e formação de professores – política, responsabilidade e autoridade em questão*[15] afirmam:

> "Conhecer o outro e autoconhecer-se significa necessariamente partilhar semelhanças e diferenças sobre o chão das tradições culturais, das histórias familiares, da religião, da etnia, do sentimento nacional. Estes elementos, frequentemente esquecidos, representam a complexidade e responsabilidade da formação docente. Só a partir desse partilhamento de lugares-comuns e diferentes, o professor pode encontrar o sentido de sua práxis pedagógica. À medida que nos distanciamos dos tempos da repartição de verdades e

15 SEVERINO, A. et al. Ética e formação de professores – política, responsabilidade e autoridade. São Paulo: Cortez, 2011.

> normas, nos aproximamos do tempo de buscas comuns, do reconhecimento das diferenças, da tolerância e da responsabilidade. Consensos são difíceis, mas aproximações são possíveis. No aproximar-se abrem-se planos e espaços que permitem caminhar e crescer juntos".

Portanto, é fácil atestar o quão atual ainda é o pensamento de Jung que vai ao encontro do pensamento destes fantásticos autores que desenvolveram o livro citado (Antônio J. Severino, Cleoni Maria Barboza Fernandes, Francisca Eleonora Santos Severino, Gomercindo Ghiggi, Pedro Goergen e Valdemir Guzzo), cuja contribuição para o melhor desenvolvimento da atuação da escola nos dias de hoje atinge um público de professores formados há certo tempo e, também, os recém-formados ou em formação.

No final das contas, os professores possuem uma formação contínua que deve ser sempre atualizada e ser desenvolvida lado a lado com a formação de nossa sociedade, em constante mudança e, sobretudo, em busca de um senso de cidadania que transforme nossa realidade.

Segundo Hannah Arendt:

> "A cidadania é o direito a ter direitos, pois a igualdade em dignidade e direito dos seres humanos não é um dado. É um construído da convivência coletiva, que requer acesso ao espaço público. É este acesso ao espaço público que permite a construção de um mundo comum através do processo de asserção dos direitos humanos".

Paulo Freire, considerado por muitos profissionais das mais diversas áreas um dos maiores intelectuais do século XX, apresenta uma série de reflexões sobre a relação educadores-educandos no livro *Pedagogia da autonomia – saberes necessários à prática educativa*[16], no qual fiz questão de destacar algumas das pertinentes passagens que corroboram a proposta exercida há anos por Carl Jung:

> "Se na experiência de minha formação, que deve ser permanente, começo por aceitar que o formador é o sujeito em relação a quem me considero o objeto, que ele é o sujeito que me forma e eu, o objeto por ele formado, me considero como um paciente que recebe os conhecimentos – conteúdos – acumulados pelo sujeito que sabe e que são a mim transferidos. Nesta forma de compreender e de viver o processo formador, eu, o objeto agora, terei a possibilidade, amanhã, de me tornar o falso sujeito da 'formação' do futuro objeto de meu ato formador"

> "É preciso que, pelo contrário, desde os começos do processo, vá ficando cada vez mais claro que, embora diferentes entre si, quem forma se forma e re-forma ao formar e quem é formado forma-se e forma ao ser formado. É nesse sentido que ensinar não é transferir conhecimentos, conteúdos, nem formar é ação pela qual um sujeito criador dá forma, estilo ou alma a um corpo indeciso e acomodado. Não há docência sem discência, as duas se explicam e seus sujeitos, apesar das diferenças que os conotam, não se reduzem à condição de objeto um do outro. Quem ensina aprende ao ensinar e quem aprende ensina ao aprender. [...] Ensinar inexiste sem aprender e vice-versa, e foi aprendendo socialmente que, historicamente, mulheres e homens descobriram que era possível ensinar. Foi assim, socialmente aprendendo, que ao

16 FREIRE, P. Pedagogia da autonomia – saberes ncessários à prática educativa. Rio de Janeiro: Paz e Terra, 2004.

longo dos tempos mulheres e homens perceberam que era possível – depois, preciso – trabalhar maneiras, caminhos, métodos de formador"

> "[...] pensar certo coloca o professor ou, mais amplamente, à escola, o dever de não só respeitar os saberes com que os educandos, sobretudo os das classes populares, chegam a ela – saberes socialmente construídos na prática comunitária –, mas também, como há mais de trinta anos venho sugerindo, discutir com os alunos a razão de ser de alguns desses saberes em relação com o ensino dos conteúdos. Por que não aproveitar a experiência que têm os alunos de viver em áreas da cidade descuidadas pelo poder público para discutir, por exemplo, a poluição dos riachos e dos córregos e os baixos níveis de bem-estar das populações, os lixões e os riscos que oferecem à saúde das gentes. Por que não há lixões no coração dos bairros ricos e mesmo puramente remediados dos centros urbanos? [...] Por que não estabelecer uma 'intimidade' entre os saberes curriculares fundamentais aos alunos e a experiência social que eles têm como indivíduos?".

Freire desenvolve em suas reflexões uma série de perguntas pertinentes à nossa época, cujas respostas podem ser encontradas no que viemos descobrindo sobre os estudos de Carl Jung, utilizando os fundamentos da Psicologia Analítica como uma exposição do pensamento sobre o desenvolvimento humano, trazendo, inclusive, muita semelhança entre o conceito de educação com o conceito de individuação.

Sua contribuição teórica para a educação obtém destaque, principalmente, no valor que ele dá ao homem simbólico e aos seus processos de simbolização, pois, segundo ele, esse aspecto do homem de criar símbolos é o que o torna um ser organizado e o torna humano.

12.3. EDUCANDO COM RESPONSABILIDADE: O OUTRO LADO DA MOEDA

Entretanto, apesar de estarmos abordando todos os aspectos teóricos que conduzem o processo de conhecer a si-mesmo (a individuação), precisamos também abordar o fato de que, agora, com o advento da tecnologia, a cada dia acompanhamos nos noticiários o péssimo uso da autoridade do educador, muitas vezes punindo, coagindo e abusando dos educandos, moral, psicológica e e até sexualmente.

O processo educacional, baseado em exemplos tão negativos e que agem por meio do inconsciente, pode direcionar todo esse desenvolvimento na formação de alunos com valores morais e éticos duvidosos. Nos casos de maior negatividade e tomados pela mídia, pode-se ainda discutir e identificar o erro, buscando reverter essa visão e absorção por parte dos educandos.

No entanto, nos abusos cometidos diariamente, pouco a pouco e sob o manto da autoridade do professor sobre o aluno, encontraremos estudantes com autoestima minada, desconstruída com base em exemplos negativos e educados pelo medo, cuja situação em sala de aula contribui ainda mais para o comprometimento das habilidades que deveriam desenvolver.

O problema é tão grande que pode ser encontrado, inclusive, nas grandes universidades e na educação de adultos. A supervalorização do racionalismo em detrimento das demais habilidades humanas apresenta prejuízos no âmbito educacional, na formação da personalidade do educando e no conjunto que colocaria esse indivíduo na sociedade.

Nesse aspecto, ainda que em um âmbito mais amplo, Paulo Freire afirma:

> "Me movo como educador porque, primeiro, me movo como gente"
>
> "Posso saber pedagogia, biologia como astronomia, posso cuidar da terra como posso navegar. Sou gente. Sei que ignoro e sei que sei. Por isso, tanto posso saber o que ainda não sei como posso saber melhor o que já sei. E saberei tão melhor e mais autenticamente quanto mais eficazmente construa minha autonomia em respeito à dos outros"
>
> "Ensinar e, enquanto ensino, testemunhar aos alunos o quanto me é fundamental respeitá-los e respeitar-me são tarefas que jamais dicotomizei. Nunca me foi possível separar em dois momentos o ensino dos conteúdos da formação ética dos educandos. A prática docente que não há sem a discente é uma prática inteira. O ensino dos conteúdos implica o testemunho ético do professor".

O pensamento de Freire, sempre atual, condiz com a premissa de respeito e integração que se espera entre o docente e o discente. A ética educacional, envolta em contextos mais amplos do que a palavra por si só pode alcançar, traduz o que se espera que ocorra dentro das salas de aula, ainda que saibamos que essa realidade ainda esteja bem longe de existir.

12.4. PLANEJAMENTO

Para trabalhar em cima de toda essa proposta desenvolvida inicialmente por Carl Jung e adaptada por outros profissionais ao longo do tempo, há a necessidade de um planejamento pedagógico pautado exatamente no fato de que existem diferentes tipos de estilos cognitivos dos educandos e dos educadores; portanto, programas já adotados nas instituições de ensino devem ser remodelados conforme a necessidade percebida.

A adaptação dos recursos visuais, a atualização dos materiais utilizados para promover a aprendizagem prática, a criação de projetos unificados para o atendimento das principais matérias ministradas (senão todas), a abertura de espaços de debate com o estímulo ao desenvolvimento da criatividade e conhecimento dos alunos, o incentivo à participação em causas sociais e a revisão dos processos avaliativos são de suma importância para o desenvolvimento dessa nova abordagem de ensino.

CAPÍTULO 13
JUNG E O NAZISMO

Jung não escapou à retaliação do regime nazista. Ainda que tenha ocupado o cargo de Presidente da Sociedade Médica Internacional para a Psicoterapia, desde 1933, no ano em que Adolf Hitler assumiu o controle da Alemanha, as autoridades alemãs decidiram queimar toda a sua obra nos países ocupados pelos nazistas, após a publicação de sua obra *Psicologia e Religião*, em 1940.

Ainda que haja muita discordância quanto à participação de Jung no período nazista, ele ainda assim realizou dois congressos fora da Alemanha: 1937, em Copenhague; e em 1938, em Oxford.

Jung classificou o nacional-socialismo, o comunismo, assim como os outros "ismos" como se fossem fenômenos patológicos de identidade, uma irrupção do inconsciente coletivo.

Dentre diversas polêmicas envolvendo seu posicionamento durante a Segunda Guerra Mundial, Jung foi acusado de ser simpatizante do povo nazista no início de 1934, ao afirmar, em um artigo intitulado *Sobre a situação atual da psicoterapia*, que o judeu, sendo nômade, não pode jamais criar a sua própria cultura; para desenvolver os seus instintos e talentos tem de apoiar-se em um "povo anfitrião mais ou menos civilizado". O artigo foi interpretado como uma maneira de qualificar o povo judeu como "não civilizado" e "parasita", segundo a velha cartilha do antissemitismo nazista.

O famoso psicanalista, sociólogo, filósofo e pensador alemão Erich Fromm faz uma análise sobre as visões de Freud e Jung, examinando seus pontos de vista distintos sobre as religiões e outras coisas mais. Fromm apresenta a crítica radical de Sigmund Freud perante as religiões dogmáticas que se desenvolvem como rebanhos de crentes que são proibidos de raciocinar por si mesmos.

Após classificar o conceito de Jung sobre religião como algo pobre e limitado ao plano emocional, ele escreve sobre a questão da Verdade, reivindicando a sabedoria profunda presente nas religiões:

> "O conceito de Jung no que concerne à verdade está em oposição aos preceitos do budismo, do judaísmo e do cristianismo. Nestes, a obrigação de procurar a verdade é um postulado fundamental. A pergunta irônica de Pilatos, 'o que é a verdade?', simboliza uma atitude antirreligiosa, não apenas do ponto de vista do cristianismo, como de todas as outras grandes religiões".

Completando a análise no livro *Psicanálise e Religião* (1966):

> "De outro lado, Jung reduz a religião a um fenômeno psicológico, e ao mesmo tempo eleva o inconsciente à categoria de fenômeno religioso".

A polêmica sobre a posição de Jung perante a política nazista adotada por Adolf Hitler, incluindo os assassinatos em massa, está no que foi chamado por muitos de Ausência de Ética em seu pensamento.

Embora sua posição diante dos dominadores nazistas tenha sido bastante estranha, não há indícios concretos de que Jung tenha sido um deles. Ele manteve, sim, uma boa convivência com os nazistas no início dos anos 1930, enquanto os intelectuais alemães e os defensores da democracia eram perseguidos por Adolf Hitler. Em 1933, inclusive, Jung aceitou ocupar um cargo de confiança, tendo sido nomeado pelo partido de Hitler, trabalhando, portanto, na Sociedade Médica Internacional para a Psicoterapia.

Jung era também um pensador das ciências humanas, e isso faz com que muitos dos seus seguidores não deem importância ao fato de ele ter exercido um cargo de confiança em um ambiente nazista que perseguia os psicólogos judeus e não nazistas, como seu ex-tutor, Sigmund Freud e tantos outros que lutavam pela sua liberdade de ir e vir, batalhando para permanecerem vivos nessa época tão obscura. Essa postura adotada por ele estava diretamente ligada à forma como ele enxergava o mundo à sua volta.

A obra junguiana tem muitos seguidores, mas tem também aqueles que não concordam com seu trabalho – e buscam desconstruir sua imagem para aquilo que consideram sua real face.

No *site* A Hora do Povo, há disponível um artigo de Carlos Lopes, intitulado "Uma fraude histórica para reabilitar o renegado Jung", no qual o autor afirma:

> "No segundo número da mesma revista, Jung publicou um artigo intitulado 'A situação atual da psicoterapia'. Nele, além de também verberar contra a 'teoria judaica', de Adler – que, além de médico e psicólogo, era um social-democrata austríaco – acusa a psicanálise de 'atingir o paciente em seu ponto vulnerável e dessa maneira obter facilmente superio-

> ridade'. Em seguida, amplia essa falsificação do método de Freud, falsificando os seus fundamentos: 'Existem realmente pessoas decentes que não são impostoras e que não usam ideais e valores para o embelezamento de sua personalidade inferior. Tratar tais pessoas redutivamente [ou seja, remontar às fontes infantis que baseiam a sua personalidade, como Freud] e atribuir a elas motivos inconfessáveis e suspeitar que por trás de sua pureza natural existe sujeira antinatural é não só pecaminosamente estúpido, mas também criminoso'" (grifo do autor).

O artigo continua a criticar a postura de Jung, conforme segue:

> "Grifamos o último trecho porque nele Jung está não somente endossando, mas justificando a perseguição e o ódio dos nazistas a Freud, aos psicanalistas e a todos aqueles que levaram em conta as descobertas da psicanálise. Afinal, como se devem tratar os 'criminosos'? Quanto aos nazistas, estes são dotados, segundo Jung, de 'pureza natural'. Não entraremos aqui na caracterização que Jung faz do inconsciente como 'sujeira antinatural'. Nem naquilo que significa, do ponto de vista da repressão sexual – e do reacionarismo verdadeiramente medieval –, o uso da palavra 'pecado' (pecaminosamente) para referir-se aos seus adversários. Afinal, não será difícil ao leitor, diante do que vem a seguir, perceber a quem é que cabiam os mencionados 'motivos inconfessáveis'. Portanto, também não será difícil perceber onde estava a 'sujeira antinatural' e o sentimento de culpa inseparável dos pecadores, ainda que, neste caso, pusilanimemente negado e distorcido".

O autor finaliza a linha de raciocínio com trechos de Jung que visam desmerecer os judeus, comparando-os às mulheres, também tidas como seres inferiores na visão da época:

> "Levando a cabo sua promessa de distinguir (aliás, 'iluminar' – ou 'não obscurecer', o que é a mesma coisa) as diferenças entre a 'psicologia germânica' e a 'psicologia judaica', Jung continua: 'Os judeus têm esta semelhança comum com as mulheres: sendo fisicamente mais fracos, precisam visar as brechas nas defesas do adversário e, devido a essa técnica que lhes foi imposta através dos séculos, os judeus têm as melhores defesas onde outros são vulneráveis. (...) Devido à sua antiga cultura são capazes, de maneira perfeitamente consciente, mesmo no ambiente mais amistoso e tolerante, de entregar-se aos seus próprios vícios, enquanto nós somos jovens demais para não termos 'ilusões' a nosso próprio respeito.' (Grifo nosso. As aspas em 'ilusões' são de Jung)

No entanto, apesar de tantos indícios sobre a atuação de Carl Jung durante a dominação nazista, nada foi comprovado de forma que possamos chamá-lo de alguém pertencente ao movimento.

Ainda assim, Jung reforçou em sua obra como a Alemanha estava devastada no período pós-Primeira Guerra Mundial e era, portanto, uma nação completamente desagregada social e economicamente, tornando-se especialmente suscetível a todo e qualquer tipo de projeção arquetípica, como ele mesmo escreveu: "Não foi fácil contemplar como toda a Alemanha respirou aliviada quando um psicopata megalomaníaco disse: 'Eu assumo a responsabilidade'".

Isso, na verdade, demonstra como Hitler, com traços de mitomania, acreditando em suas próprias mentiras, teve a capacidade de comover e liderar uma nação inteira assim que penetrou no inconsciente coletivo dela.

Podemos perceber como Jung era um homem bastante paradoxal por seguir uma via única e individual em direção à descoberta do ser humano dentro de si mesmo. Por ser uma pessoa excêntrica, muitas pessoas não se esforçaram muito para entender suas obras e seus discursos. Porém, muitos que o fizeram utilizaram desse entendimento para contra-atacá-lo posteriormente.

Ele era uma pessoa que, apesar de possuir formulações intelectuais acima da média e desenvolver maravilhosos *insights* psicológicos, tinha péssimo juízo baseado em sentimentos e condições exteriores e, creio que, exatamente por possuir esse perfil psicológico, Jung expunha sua visão da verdade de forma descoordenada e em momentos que exigiam maior diplomacia, o que constantemente fazia com que ganhasse inimigos na mesma medida em que ganhava amigos. Mas ele tinha ciência que essa maneira de agir tinha efeito quase que imediato:

> "Ofendi muitas pessoas; assim que lhes percebia a incompreensão, elas me desinteressavam. Precisava continuar. À exceção dos meus doentes, não tinha paciência com os homens. Precisava seguir uma lei interior que me era imposta, sem liberdade de escolha. Naturalmente, nem sempre obedecia a ela. Como poderíamos viver sem cometer incoerências?".

Essa forma de agir tinha suas vantagens e suas desvantagens, pois, por um lado, ele conseguia seguir em frente, trabalhar hipóteses impopulares que os demais não ousariam considerar naquela época. Todavia, ao mesmo tempo, algumas pessoas consideravam suas ideias como opositoras, indiferentes ou mesmo hostis, como no caso em que o acusaram de ser racista.

Não busco de forma alguma comprovar veracidades, desmentir inverdades ou afirmar ideias – muito menos pender para algum lado. No entanto, escrever sobre a vida de um psicanalista tão conhecido e tão relevante para a história da psicologia mundial faz com que eu me sinta quase obrigado a abordar esse assunto e mostrar ambos os lados.

Como vimos anteriormente, algumas das acusações partiram do fato de Jung ter assumido a presidência da Sociedade Médica de Psicoterapia, em 1933, com a aprovação nazista e, também, devido à publicação de artigos em que afirmava haver diferenças entre a psicologia dos judeus e a psicologia dos arianos.

Ele nunca contestou a veracidade das declarações, no entanto, sempre negou ter sido nazista ou mesmo racista. A seguir, destacarei as justificativas encontradas no livro *Jung*, de Anthony Stevens, em que o autor fez questão de mostrar o lado de Jung na história, podendo destacar, ainda, algumas de suas declarações buscando se defender e explicar suas ideias na época:

> "No início da década de 1930, a questão judeus-arianos estava, para não exagerar, bastante presente na mente das pessoas. Na visão de Jung, o problema referia-se amplamente à projeção da sombra: arianos projetando sua sombra nos judeus, e vice-versa. Era preciso uma tentativa de verdadeira conscientização das diferenças psicológicas entre os dois grupos na esperança de que isso reduzisse a projeção da sombra e facilitasse uma aceitação mútua".

Em resposta a uma acusação de um psiquiatra suíço, o Dr. Gustav Bally, Stevens destacou a resposta de Jung:

> "Confesso que fui incauto, tão incauto a ponto de fazer a coisa mais sujeita à compreensão equivocada no momento

atual: coloquei em pauta a questão dos judeus. Fiz isso deliberadamente. Meus estimados críticos parecem ter se esquecido de que a primeira regra da psicoterapia é falar detalhadamente sobre todas as coisas mais delicadas e perigosas, e as mais incompreendidas".

Podemos compreender sua necessidade de defesa, mas podemos também compreender que, de fato, ele tinha sua razão. Em seguida, Stevens destaca outro artigo em que Jung argumentava a diferença de abordagem entre ele e Freud, associando grande parte dela com sua educação cristã e a educação judia de Freud:

> "Sugeri, muitos anos atrás, que toda a teoria psicológica deveria ser criticada em primeiro lugar como uma confissão subjetiva [...]. Esta premissa subjetiva é idêntica à nossa idiossincrasia psicológica. E esta idiossincrasia é condicionada 1) pelo indivíduo, 2) pela família, 3) pela nação, raça, clima, localidade e história. [...] Tenho orgulho de minhas premissas subjetivas, agradeço aos meus ancestrais teológicos por terem transmitido a premissa cristã...".

Assim como, de forma parecida, a psicologia judia de Freud seria condicionada também pela história de seu povo:

> "Não deveríamos perguntar onde residem as diferenças particulares entre uma perspectiva essencialmente judia e uma perspectiva essencialmente cristã [...]? Devemos mesmo acreditar que uma tribo que perambulou pela história por milhares de anos como 'o povo escolhido de Deus' não foi convencida dessa ideia por alguma particularidade psicológica realmente especial? Se não há diferenças, como reconhecemos de fato os judeus? Todos os ramos da

> humanidade originam-se de um tronco, mas o que é um tronco sem ramos separados? 'Qual o motivo dessa sensibilidade ridícula quando alguém ousa dizer algo sobre a diferença psicológica entre judeus e cristãos? Qualquer criança sabe que essa diferença existe".

Ele finaliza dizendo que tudo não passou de uma coincidência infeliz e embaraçosa de que seu programa científico pudesse estar de alguma forma associado a um manifesto político.

Jung dizia, aliás, que aceitou o cargo de presidente da Sociedade Médica de Psicoterapia exatamente para poder, de alguma forma, proteger os membros judeus da sociedade. Não há como negar sua atuação ao lado dos nazistas, no entanto, também não há como negar que ele conseguiu transformar a associação em algo internacional. Graças aos seus esforços, a antiga Sociedade Alemã tornou-se Sociedade Médica Geral Internacional de Psiquiatria.

Vale ressaltar também que uma das primeiras ações de Jung à frente da Sociedade foi determinar, ao término do Congresso de Bad Nauheim, em 1934, que todos os doutores judeus alemães que tinham sido excluídos da sociedade nacional fossem designados membros da Sociedade Internacional, o que preservou os direitos sociais e profissionais de forma igualitária.

E ainda no final do Congresso ele enviou a todos os membros uma carta circular que declarava o princípio de que "A Sociedade Internacional é neutra quanto a política e credo".

Este fato poderia desassociar sua imagem do antissemitismo, mas batia de frente com as publicações na revista em que ele era editor, e que, na verdade, seria controlada pelos líderes nazistas, mais uma vez, conectando-o a publicações e afirmações antissemitas.

Certa vez, sobre a polêmica de como teriam surgido as acusações de antissemitismo, Jung declarou que elas teriam partido de Sigmund Freud. No entanto, não há motivos para acreditarmos que isso seja verdade – seria apostar demais apenas em uma rixa de mágoa e ressentimento existente entre ambos.

Na obra *Jung*, de Anthony Stevens, há a seguinte citação sobre uma carta de Freud destinada à primeira paciente psicanalítica de Jung (cuja história abordamos anteriormente), Sabina Spielrein, em 1933, após o nascimento de um de seus filhos:

> "Como sabe, agora estou curado do último farrapo de minha predileção pela causa ariana, e gostaria de acreditar que se a criança for um menino, ele será um sionista adepto [...]. Não devo dar meus cumprimentos a Jung em Munique, como você sabe perfeitamente bem. [...] Nós somos e continuamos sendo judeus. Os outros irão nos explorar e nunca nos entenderão ou apreciarão".

Stevens ainda destaca que Ernest Jones, biógrafo de Freud, afirma que o Pai da Psicanálise e o Círculo de Viena tinham uma rapidez extraordinária em detectar os menores sinais de antissemitismo, fazendo, inclusive, com que Freud tivesse pouquíssimos amigos não judeus.

Talvez, parte da "perseguição" contra Jung se dê pelo fato de ele ter rompido com a psicanálise freudiana e tenha seguido outro caminho, fazendo com que essa rejeição à psicanálise junguiana permaneça até os dias atuais em círculos freudianos.

Vale ressaltar também que os judeus mais próximos a Jung, como Aniela Jaffé, sua secretária, e os já conhecidos Gerhard

Adler, Sigmund Hurwitz, Rivkah Kluger e James e Hilda Kirsch, repudiaram as acusações feitas ao amigo Carl Jung, inclusive, pelo fato de que ele prestava assistência aos colegas perseguidos e às suas famílias também, durante o período de dominação nazista, além do fato de ele ter defendido a permanência dos judeus em participar das questões da Sociedade Psicanalítica.

Posteriormente ao fim da Segunda Guerra, em 1946, já em Zurique, em conversa com o rabino Leo Baeck, um sobrevivente dos campos de concentração, admitiu que houvesse "escorregado" em sua avaliação inicial do fenômeno nacional-socialista, por estar impressionado com a ascensão extraordinária de Hitler ao poder, reconhecendo ainda, que ele teria se aproveitado do inconsciente geral.

No entanto, Jung afirmou que ainda no início do domínio nazista ele se deu conta do que estava ocorrendo e que sua ditadura era direcionada ao mal. Mas, ao mesmo tempo, como psicanalista, ele estava interessado no fenômeno psicológico que isso significava: era um exemplo real dos arquétipos de que ele tanto falava e estudava.

Stevens cita ainda, um artigo de Jung, publicado no início de 1918, em que ele "previa" o surgimento do movimento nazista:

> "O cristianismo dividiu o barbarismo germânico em sua metade inferior e superior e conseguiu assim – pela repressão do lado mais escuro – domesticar o lado mais claro e torná-lo apropriado à cultura. Enquanto isso, porém, a metade inferior está esperando a libertação e uma segunda domesticação. Mas até lá, continua associada aos vestígios da pré-história, ao inconsciente coletivo, o que significa uma peculiar e

> sempre crescente ativação do inconsciente coletivo. Quanto mais a visão cristã do mundo for perdendo sua autoridade incondicional, mais perceptivelmente a 'besta loira' se agitará em sua prisão subterrânea, ameaçando sair, e assim, trazendo consequências catastróficas. Este fenômeno acontece no indivíduo como revolução psicológica, mas pode também manifestar-se sob a forma de fenômeno social."

Acredita-se que Jung se deu conta realmente do que acontecia em 1936, quando afirmou:

> "O impressionante sobre o fenômeno alemão é que um homem, obviamente 'possuído', infectou toda uma nação a tal ponto que tudo foi posto em movimento e seguiu seu curso na direção da perdição."

A citação me faz concordar com Anthony Stevens e com os demais que afirmam que não há provas concretas de que Jung tenha apoiado o nazismo ou mesmo de que ele era antissemita. Assim como muitos outros, ele teria sido inicialmente "enganado" pela proposta de Adolf Hitler, mas teria entendido o que ocorria conforme presenciava a barbárie de seus atos.

CAPÍTULO 14
SUA OBRA

O conjunto de obras deixado por Jung até os dias atuais tem influência nos estudos e práticas da psiquiatria, religião e literatura. Conforme mencionado anteriormente, sua tese de doutoramento foi lançada em 1902 e intitulada *Sobre a psicologia e a patologia dos fenômenos ditos ocultos*.

Já em 1907, Jung escreveu *Psicologia da Demência Precoce*, enquanto em 1911-1912 escreveu *Psicologia do inconsciente*. No final de 1912 foi a vez do lançamento de *Símbolos da transformação*.

Foi somente em 1913 que Jung batizou sua visão da psicologia como "Psicologia Analítica", para, em 1916, escrever *Sete Sermões aos Mortos* e A *Função Transcendente* (estudo sobre os gnósticos).

Após um período sem destaque, lançou em 1921 a obra intitulada *Tipos Psicológicos*, e em 1928, *O Eu e o Inconsciente*[17], seguida por *Os arquétipos e o inconsciente coletivo*[18], em 1934.

Em 1936 foi condecorado com o título Doutor "honoris causa" na Universidade Harvard, nos Estados Unidos, e em 1945, na Universidade de Genebra, na Suíça.

---

17 JUNG, C. O eu e o inconsciente. São Paulo: Vozes, 2008.

18 JUNG, C. Os arquétipos e o inconsciente coletivo. São Paulo: Vozes, 2011.

Escreveu ainda *Psicologia e Religião* (1937), *Psicologia e Alquimia*[19] (1944), *On the nature of dreams* (1945), *Aion*[20] (1951), *Sincronicidade*[21] (1952) e *Resposta a Jó* (1952).

Em 1957, Jung foi autor de *Eu desconhecido*[22] e começou a preparação de sua autobiografia *Memórias, Sonhos e Reflexões*, com Aniela Jaffé. Somente em 1961, exatamente dez dias antes de morrer, terminou o ensaio *O homem e seus símbolos*, um de seus clássicos.

---

19 JUNG, C. Psicologia e alquimia. São Paulo: Vozes, 2011.

20 JUNG, C. Aion – estudos sobre o simbolismo do Si-mesmo. São Paulo: Vozes, 2011.

21 JUNG, C. Sincronicidade. São Paulo: Vozes, 2014.

22 JUNG, C. O eu desconhecido. Fundo de Cultura, 1961.